KB232384

AI시대, 10대를 위한 디지털 트렌드 영단어 교양

서지예 지음

알파미디어

학생들과 학습 상담을 하다 보면 영어 단어 외우기를 힘들어하는 아이들을 자주 만난다. 영어를 공부하고는 싶지만, 단어를 외우는 것이 너무 어렵다 보니 영어 공부에 흥미를 잃게 되는 것이다. 어떻게 하면 이 아이들에게 영어 공부를 쉽게 접근하게 할 수 있을까? 라는 고민을 하고 있던 중에 아주 멋진 책을 만나게 됐다. 이 책을 읽다 보면 영어 단어 하나에 정말 많은 이야기들이 숨겨져 있다는 사실을 발견하게 된다. 그냥 외우는 것보다 숨겨진 의미를 이해하고 단어를 외우고 공부하면 영어를 잘할 수 있다는 기대감이 생긴다.

이 책 안에는 단어가 품고 있는 문화, 역사, 기술 그리고 직업 세계에 대한 생생한 이야기들이 살아 숨 쉬고 있다. 영단어의 뜻을 전달하는 데 그치지 않고, 그 단어가 만들어진 시대적 배경과 사회·문화적 이야기까지 함께 풀어내고 있다. 덕분에 각 단어에 담긴 시대적 가치와 문화적 의미 그리고 해당 단어가 우리 삶과 어떻게 연결될 수 있는지를 자연스럽게 깨우치게 된다. 또한 다양한 직업군 인터뷰를 통해 관련 진로 정보까지 함께 설명해 준다.

영어를 좋아하지 않던 친구도, 미래가 막막했던 친구도, 영어를 더 깊이 공부하고 싶은 친구들도 모두 이 책을 통해 영어에 흥미를 느끼고 미래 진로에 대해 생각해 볼 수 있을 것이다.

장충중학교 진로진학상담교사 김원배
『AI시대 중학생은 이렇게 진로를 찾습니다』 외 18권 저자

AI시대, 이 책은 청소년들에게 문해력과 진로 감각을 동시에 길러주는 귀한 자원이다. 요즘 교육의 중요한 화두 중 하나는 '융합'이다. 과목과 과목의 경계를 넘고, 지식과 세상을 연결하며, 학생 스스로 배움의 맥락을 구성해 가는 교육이 강조되고 있다. 그런 흐름 속에서 이 책은 단순한 영어 교양서를 넘어 문해력과 진로 교육의 훌륭한 실천 사례로 주목할 만하다.

단어 속에 어원과 언어의 역사, 디지털 기술과 사회 변화 그리고 관련된 미래 직업군까지 유기적으로 엮어낸 구성은 영어 공부를 세상 공부로 확장한다. NFT, 클라우드 게이밍, 디지털 디톡스, 그린테크와 같은 동시대의 키워드를 따라가다 보면 청소년들은 자연스럽게 21세기 기술 흐름과 변화하는 직업 세계를 이해하게 되고, 더 나아가 '나는 어떤 삶을 살고 싶은가?'라는 본질적인 질문과 마주한다.

무엇보다 반가운 점은 이 책이 교실에서 함께 읽고, 토론하며, 탐구 주제로 발전시키기에 매우 유용한 교육적 도구라는 점이다. 흥미로운 영단어 이야기를 알고 싶은 아이, 배경지식이 부족한 아이, 진로에 막막함을 느끼는 아이 모두 이 책을 통해 영어를 배우고, 세상을 읽는 눈을 기르며 자신의 미래를 그려보는 힘을 얻게 될 것이다.

교사성장학교 고래학교 교장 최선경
『인문 고전 필사의 힘』외 20여권 저자

진로 상담을 하다 보면 많은 아이들이 자신이 뭘 좋아하는지, 어떤 걸 공부해야 할지 잘 모른다는 사실을 알게 된다. 아이들은 자기 삶과 세상의 연결 고리를 충분히 체험하지 못했기 때문에 스스로에 대한 이해와 세상에 대한 상상력, 통찰력이 부족하다. 요즘 학생들은 넘쳐나는 정보 속에서 그 정보가 자신과 어떻게 연결되어 있는지, 내가 어떤 역할을 할 수 있는지에 대한 '맥락 있는 배움'이 부족하다. 단어를 외우고 지식을 습득하는 데 많은 시간을 쓰지만, 그 지식이 어떤 기술, 직업, 사회 변화와 연결되는지까지 고민해 볼 기회는 많지 않다.

그래서 오늘날의 진로 교육은 단순한 직업 안내가 아니라, 세상을 입체적으로 바라보는 힘과 미래를 상상하는 기회를 제공하는 교육이어야 한다. 학생들에게 필요한 건 단편적인 정보가 아니라, 자신의 관심과 사회 변화가 어떻게 만날 수 있는지를 탐색하게 하는 경험이다. 여기 그 해답을 알려주는 책이 있다. 단어 하나에 어원, 기술, 사회, 문화, 직업의 맥락까지 담아낸 구성은 단순한 영어 학습을 넘어 '세상을 읽는 눈'을 길러준다. NFT나 디지털 디톡스 같은 단어들을 익히며 학생들은 자연스럽게 21세기 기술 트렌드와 변화하는 직업 세계를 접하게 된다.

무엇보다 각 단어에 연결된 '미래 직업 가이드'는 막연하던 진로 탐색을 실질적인 방향으로 이끌어 준다. 영어를 통해 직업을 이해하고, 사회를 읽고, 나아가 '나는 어떤 사람으로 성장하고 싶은가'를 고민하게 만드는 책이다. 영어 단어 외우기에 지친 학생들, 진로 교육이 막막한 교사들 그리고 융합 교육의 새로운 가능성을 찾고자 하는 선생님들에게 이 책을 추천한다. 단어 공부가 이렇게 재미있고 의미 있을 수 있다는 것, 이 책이 분명히 보여줄 것이다.

EBS 공채강사, 초등교사 이서윤
『이서윤의 초등생활처방전』 저자 및 유튜브 운영

영어, 알고 보면 더 재밌다!

영어 단어에는 숨어 있는 이야기가 많아요. 단어의 배경지식을 알면 영어 학습은 단순한 암기에서 벗어나 세상과 연결되고 살아 숨 쉬는 생동적인 언어가 됩니다. 단어가 태어난 시대와 문화와 사회적 맥락을 이해하면, 글을 읽을 때 글쓴이의 의도가 분명하게 보일 거예요. 풍부한 배경지식은 독해력은 물론이고, 읽고 듣고 쓰고 말하는 영어 학습의 모든 영역에서 여러분을 이전보다 훨씬 더 능동적인 학습자로 만들어 줄 거예요.

영어 단어를 외우는 방법은 정말 다양하지만, 그중에서도 제가 가장 추천하는 방법은 연상법이에요. 새로운 단어를 배울 때 그 단어의 뜻만 외우는 것이 아니라, 단어가 어디에서 왔는지, 단어가 쓰이는 맥락은 어떠한지, 비슷한 단어들과 어떻게 연결되는지를 함께 떠올리는 거예요. 그러면 머릿속에 작은 어휘력 지도가 만들어질 거예요. 이 지도는 여러분이 영어로 된 글을 읽을 때, 무작위로 흩어진 단어들을 하나의 주제로 단단하게 연결해 주는 '다리' 역할을 하지요.

예를 들어, photo라는 단어를 살펴볼게요. 이 단어는 '빛(light)'을 뜻하는 그리스어 phōs에서 유래했어요. 그러면 자연스럽게 관련 어휘인 photograph(사진)나 photosynthesis(광합성)까지 함께 기억할 수도 있겠지요? 이렇게 단어끼리 연결 고리를 만들면, 새로운 단어를 만났을 때 머릿속에서 관련 단어가 척척 떠오르는 기쁨을 느낄 수 있을 거예요. 그렇게 풍부해진 어휘력은 여러분의 말과 글에 묻어날 거예요.

이 책의 제목에 '교양'이라는 말이 보이나요? 교양이란 역사·문학·철학·과학 등 다양한 영역을 골고루 배우며 세상을 넓게 이해하는 힘을 뜻해요. 교양은 우리가 단순히 정보를 암기하는 수준을 넘어, 배운 지식을 일상에 적용하고 확장할 수 있도록 합니다. 이 책에서 다루는 영어 단어와 표현 속에 숨은 이야기들은 바로 여러분의 교양을 채워 줄 재료입니다. 단어에 얽힌 풍부한 배경지식을 통해 문화와 기술, 사회 현상을 읽는 경험은 여러분이 진정한 교양인으로 성장하는 밑바탕이 될 것입니다.

이 책은 3부로 구성되어 있습니다. 먼저 1부에서는 우리가 일상에서 흔히 쓰이는 단어들의 뿌리를 따라가며, 그 안에 담긴 흥미로운 이야기를 깊이 있게 살펴봅니다. 다음으로 2부에서는 AI와 메타버스 같은 첨단 기술이 어떻게 새로운 영어를 탄생시키는지 살펴보고, 과거와 현재를 잇는 언어의 변화를 배웁니다. 마지막으로 3부에서는 소셜 미디어 속 신조어들을 통해 세대를 연결하는 언어의 힘을 살펴볼 것입니다.

각 장마다 마련된 'Career Snapshot' 코너에서는 여러분이 배운 단어들이 실제 현장에서 어떻게 쓰이는지, 또 그 단어와 관련된 직업군에서는 어떤 일들이 이루어지는지 생생하게 소개합니다. 예를 들어, '드론' 단원을 공부한 후에는 재난 구호 현장에서 드론을 조종하는 전문가의 짧은 인터뷰를 통해, 이 직업에 어떤 역량이 필요한지 알 수 있습니다. 단어 학습이 자연스럽게 미래의 직업 세계 탐색으로도 이어지는 거죠.

영어 단어의 뿌리를 따라 다양한 문화와 삶을 엿보는 경험은 여러분을 진정한 세계시민으로 거듭나게 할 것입니다. 단어 하나하나에 깃든 역사와 가치관을 알게 되면, 우리가 속한 공동체와 사회에서 무엇을 중요하게 생각하고, 어떤 방식으로 소통하는지 이해하게 될 것입니다. 그 과정에서 길러진 문화적 소양과 공감 능력은, 여러분이 앞으로 글로벌 무대에서 다른 사람들과 진솔하게 소통하고 협력하는 데 든든한 자산이 될 것입니다.

이 책이 여러분의 영어 공부를 더욱 풍성하고 즐거운 모험으로 만들어 주길 기대합니다.

Meme
문화는 어떻게 전해질까?

"나는 최근, 이 지구상에 새로운 종류의 복제자가 등장했다고 생각한다. 그것은 우리 눈앞에 있으며, 아직 초기 단계에 머물러 있지만 이미 기존의 유전자가 따라잡을 수 없을 정도로 빠르게 진화적 변화를 이루고 있다. 이 새로운 복제자를 표현하기 위해, 문화적 전파의 단위 또는 모방의 단위를 의미하는 명사가 필요하다. '미메메(Mimeme)'는 적합한 그리스어 어원을 가지고 있지만, 나는 '유전자(Gene)'처럼 간단한 단음절 단어를 원한다. 그래서 미메메를 줄여 밈(Meme)이라고 부르기로 했다. 고전학자 친구들이 나를 용서해 주길 바란다. 위안이 된다면, 이 단어를 '기억(Memory)' 또는 프랑스어로 '같은(Même)'과 연관 지어 생각할 수도 있다. 발음은 '크림(Cream)'과 비슷하게 해야 한다."

— 『이기적 유전자』, 리처드 도킨스 중에서 —

Meme이라는 단어는 1976년에 진화생물학자 리처드 도킨스의 책 『이기적 유전자』에서 처음 등장한 말입니다. 도킨스는 밈을 유전자처럼 문화적 정보를 전달하고 계승하는 단위로 설명했어요. 도킨스는 사람들이 밈을 단순히 복제하는데 그치지 않고, 창의적으로 변형한다고 주장했어요. 밈은 사진, 영상, 텍스트 같은 디지털 콘텐츠로 표현되고, 인터넷을 통해 빠르게 퍼집니다.

밈은 모방을 뜻하는 그리스어 mīmēma에서 유래했는데, 도킨스는 이 단어를 짧게 줄여 meme으로 불렀어요. 유전자가 생물학적 정보를 다음 세대로 전달하듯이, 밈은 문화적 정보를 전달합니다. 마치 유전자가 돌연변이를 통해 진화하는 것처럼 밈도 계속 발전하고 변화합니다.

도킨스가 이 단어를 만들 때 발음이 크림(cream)과 비슷하게 들리도록 의도했다는 점도 흥미로워요. 영단어 cream은 정수(精髓)라는 뜻이 있는데, 아마도 그는 밈이 문화의 정수를 담고 있다는 의미를 은유적으로 표현하고 싶었나 봅니다. 또한 크림처럼 부드럽게 발음되는 단어를 선택함으로써, 밈이 문화 속에서 자연스럽게 퍼져나가는 모습을 이미지화했다는 해석도 있어요.

밈은 인터넷이 등장하기 전에도 있었어요. 2차 세계대전 당시 Kilroy was here라는 낙서는 세계적으로 유행한 초기 밈의 대표적 예입니다. 이 낙서는 미국 군인들이 자신의 흔적을 남기기 위해 쓴 것으로 벽, 다리, 화장실, 심지어 폭탄 껍질에서도 발견되었어요. 독일군은 이 문구를 보고 '킬로이'라는 이름이 연합군 스파이의 암호라고 생각했고, 히틀러는 이를 조사하라고 명령하기도 했대요.

킬로이라는 이름의 실제 주인공은 미국 매사추세츠주 조선소의 선박 검사관이었어요. 그는 안전 검사 결과를 배에 새겨 넣었는데, 이 문구는 오랜 세월이 지나도 쉽게 지워지지 않고 배의 곳곳에서 발견되었다고 해요. 특히 밀폐된 공간이나 일반적으로 사람이 접근하기 어려운 곳에서도 이 글귀가 발견되면서, 킬로이는 전설적인 인물처럼 여겨지고, 나아가 미군들의 연대와 자부심을 상징하게 되었어요.

디지털 시대가 열리고 유튜브와 소셜 미디어가 등장하면서 현대의 밈은 다채롭게 진화했어요. 특히 최근에는 틱톡과 같은 플랫폼에서 짧고 강렬한 영상 밈이 주류를 이룹니다. 사람들이 쉽게 콘텐츠를 만들고 공유할 수 있게 되면서 밈 문화의 확산은 더욱 가속화되고 있어요.

밈은 웃고 즐기는 오락거리에서 그치지 않고, 메시지를 전달하거나 사회 문제를 비판하는 데도 쓰입니다. 예를 들어, 기후변화나 총기 규제 같은 심각한 주제를 다룬 틱톡 밈은 젊은 세대가 자신의 목소리를 내는 중요한 도구로 쓰이지요. 밈을 통해 복잡한 감정이나 아이디어를 간단하고 효과적으로 전달할 수도 있어요. 그래서 밈은 정치적 풍자나 사회적 비판에도 많이 사용됩니다. 특정 정치인이나 사회 문제를 꼬집는 밈은 사람들에게 웃음을 주면서도 중요한 메시지를 전달해요.

하지만 밈 문화가 긍정적인 역할만 하는 것은 아닙니다. 짧고 강렬한 임팩트를 가진 밈은 자극적인 감정과 선동적인 메시지를 전달하는 것에만 치중하는 경향이 있어요. 가짜 뉴스나 혐오 표현*이 밈의 형태로 퍼지면서 사회적 갈등을 만드는 일도 있지요.

혐오 표현 : 특정한 사람이나 집단을 비하하거나 차별하는 말, 행동을 말합니다. 예를 들어, 누군가의 외모, 성별, 종교 등 스스로 바꿀 수 없는 부분을 비웃고 놀리는 것은 혐오 표현입니다. 혐오 표현은 듣는 사람에게 큰 상처를 줄 수 있습니다.

　밈은 유행에 매우 민감해서 빠르게 변하고 또 사라집니다. 어떤 밈이 갑자기 전 세계적으로 인기를 끌기도 하고, 또 순식간에 없어지기도 해요. 이런 흐름 속에서 우리는 특정 밈이 유행하는 이유를 살펴보아야 합니다. 밈이 단순한 유행인지, 혹은 사회적인 문제를 반영하는 것인지 짚어 보아야 합니다. 정치적, 경제적 이익을 노린 집단이 밈을 이용해 여론을 조작하는 예도 있어요. 따라서 밈 문화에 대한 비판적인 시각을 가져야 합니다.

　건강한 방식으로 밈 문화를 소비하기 위해서는 어떤 노력이 필요할까요? 먼저, 밈이 전달하는 메시지를 그대로 받아들이기보다 한 번 더 생각해 보는 연습을 해보세요. 밈이 풍자하고 있는 대상이나 배경에 대해 알아보고, 사실과 다른 정보가 포함되어 있지는 않은지 점검해 보세요. 또한 무심코 공유하는 밈이 누군가에게 상처를 줄 수 있다는 점도 주의해야 해요. 아무리 재미있는 밈이라도 특정 집단을 조롱하거나 차별적인 의미를 담고 있다면 잘못된 것입니다. 건강한 밈 문화를 만들기 위해서는 타인에 대한 존중과 배려를 바탕으로, 밈의 맥락과 의미를 비판적으로 살펴야 합니다. 또한 혐오나 차별을 조장하는 콘텐츠는 경계하는 자세가 필요합니다.

인공지능이 정리한 다양한 인터넷 밈.

   Memes become a quick way to share big ideas on apps like TikTok and Instagram. A short video meme can spark conversations about things like saving the planet with a touch of humor. But sometimes memes spread hurtful or untrue messages, causing more harm than fun. Since trends change in a flash, pause to ask yourself, "Why is this meme so popular?" or "What story is it telling?" Before you hit share, think it through, double-check that it's honest, and make sure it won't hurt anyone.

spark : 불씨를 지피다, 촉발하다   **saving the planet** : 지구를 구하는 것
trend : 유행   **pause** : 잠시 멈추다

친구들 사이에서 유행하는 짤이나 말, 영상을 재미 삼아 따라 하다 보니, 어느 순간 내 생각이나 말투가 달라진 적이 있나요?

1. trend (n.)

유사어 vogue, fad, craze

뜻 유행

예문 Social media influencers can quickly set new trends among young people.
(소셜 미디어 인플루언서들은 젊은 층 사이에 빠르게 새로운 유행을 형성할 수 있다.)

활용 ✓ follow a trend : 유행을 따르다 ✓ on-trend: 유행하는, 유행을 좇는

2. share (v.)

유사어 post, distribute

뜻 사진·영상·이야기 등을 다른 사람과 나누다

예문 She shared the funny meme on her story.
(그녀는 그 재미있는 밈을 자신의 스토리에 공유했다.)

활용 ✓ share ideas/feelings/experiences – 아이디어/감정/경험을 나누다

3. spread (v.)

유사어 propagate

뜻 퍼지다

예문 The hashtag spread across Instagram in hours.
(그 해시태그는 몇 시간 만에 인스타그램에 퍼졌다.)

활용 ✓ spread like wildfire – 순식간에 퍼지다
✓ spread the word/rumors – 소문을 퍼뜨리다

4. copy (v.)

유사어 replicate, duplicate

뜻 복사하다

예문 Can you copy this file to a USB drive for me?
(이 파일을 USB 드라이브에 복사해 줄 수 있나요?)

활용 ✓ copy and paste – 복사하여 붙여 넣다

5. viral (adj.)

유사어 widespread, sensational, epidemic

뜻 (인터넷에서) 빠르게 확산하는

예문 That dance challenge went viral in just one day.
(그 댄스 챌린지는 단 하루 만에 입소문을 탔다.)

활용 ✓ go viral – 급속히 퍼지다

Content Creator

콘텐츠 크리에이터

A content creator plans, produces, and publishes engaging multimedia materials—such as videos, blog posts, and social media updates—to inform, entertain, or inspire a target audience. They research trends, develop original ideas, script and shoot footage, edit content using tools like Canva, and monitor audience feedback to refine their strategy. Effective content creators combine strong storytelling skills with technical expertise and an understanding of platform algorithms to build and grow an online community. Their creative efforts help brands and individuals connect with audiences and make a lasting impact online.

🎙️ **콘텐츠 아이디어는 주로 어디서 얻나요?**

🐤 친구들과의 이야기, 인기 있는 웹툰이나 음악, 공연 등 일상에서 영감을 얻어요. 가끔은 스마트폰을 내려놓고 짧게라도 일기처럼 오늘 느낀 점을 적어 보기도 하는데, 그러다 보면 "이 주제로 사람들이 궁금해하지 않을까?" 하는 아이디어가 떠오르더라고요. 중요한 건, '내가 진짜 궁금하거나 즐거운 것'을 콘텐츠로 만들어야 지치지 않고 꾸준히 이어갈 수 있어요.

🎙️ **조회수나 구독자가 잘 나오지 않을 때, 어떻게 마음을 다잡고 다시 시작하나요?**

🐤 사실 저도 슬럼프를 여러 번 겪었어요. 그럴 때는 '내가 왜 이 콘텐츠를 만들었는지' 첫 마음을 떠올려 보려고 해요. 내가 즐겁고 의미 있다고 느꼈던 점을 떠올리고, 댓글로 응원해 준 친구들의 메시지를 읽으며 힘을 내죠. 그리고 작게라도 하나씩 다시 업로드를 시작하죠. 꾸준히 시도하다 보면 다시 반응이 돌아오더라고요.

🎙️ **콘텐츠 크리에이터를 꿈꾸는 사람에게 해주고 싶은 조언이 있나요?**

🐤 첫째, '꾸준함'이 곧 무기예요. 한 번의 대박 영상보다는, 1년 동안 꾸준히 콘텐츠를 올리면서 질을 조금씩 높이는 게 더 효과적이죠. 둘째, '나만의 색깔'을 찾으세요. 좋아하는 주제나 목소리 톤, 편집 스타일처럼 나를 차별화할 수 있는 요소를 고민해 보세요. 처음에는 장비나 구독자 수에 너무 연연하지 말고, 관심 있는 주제를 꾸준히 깊이 있게 다뤄 보세요. 셋째, 타인과 비교하지 마세요. 다른 크리에이터의 화려한 모습을 보면 상대적으로 지치기 쉬운데, 내가 잘할 수 있는 부분과 성장 과정을 믿으면서 한 단계씩 나아가 보세요. 꾸준히 노력하는 과정을 솔직하게 공유하면 자연스럽게 팔로워가 늘고, 자신만의 색깔을 찾을 수 있을 거예요.

 한문단 영어

밈은 인스타그램, 틱톡 등 소셜 미디어에서 짧은 시간에 강렬한 메시지를 전달하는 빠른 수단이에요. 짧은 동영상 밈 하나로 '지구를 지키자' 같은 이야기를 유머러스하게 풀어내며 대화를 이끌죠. 하지만 때로는 누군가를 비난하거나 사실과 다른 내용을 퍼뜨려, 재미보다 상처를 남기기도 해요. 유행이 순식간에 바뀌는 만큼, 이 밈이 왜 이렇게 인기를 얻었는지, 어떤 메시지를 담고 있는지 잠시 멈춰서 생각해 보세요. 밈을 공유하기 전에 한 번 더 진위를 확인하고, 혹시 누군가에게 상처를 주지는 않을지 꼼꼼히 살펴보는 게 좋아요.

Career Snapshot

콘텐츠 크리에이터는 영상, 블로그 글, 소셜 미디어 업데이트 등 다양한 멀티미디어 자료를 기획하고 제작해요. 이 자료들은 주로 정보를 전달하거나, 재미를 주거나, 영감을 주기 위해 만들어지죠. 트렌드를 조사하고, 새로운 아이디어를 떠올린 뒤 대본을 쓰고 촬영을 진행해요. 촬영한 영상을 캔바 같은 도구로 편집하고, 시청자 반응을 살펴 전략을 계속 다듬기도 해요. 훌륭한 콘텐츠 크리에이터는 스토리텔링 능력, 기술적인 편집 실력, 그리고 플랫폼 알고리즘을 이해하는 안목을 모두 갖추고 있어서 온라인 커뮤니티를 키워 나갈 수 있어요. 이들의 창의적인 노력이 브랜드나 개인이 대중과 소통하고, 온라인상에서 지속적인 영향력을 발휘하도록 도와주는 셈이죠.

Meme
다채로운 문화의 얼굴

☑ 공존문화(Co-culture)

다양한 언어, 종교, 생활방식을 가진 사람들이 사회 안에서 자신의 문화를 지키며 살아가는 모습을 말해요. 주류문화(mainstream culture)에 흡수되지 않고, 정체성을 유지하며 살아요.

☑ 인디문화(Indie Culture)

대중의 취향에 얽매이지 않고, 자신만의 색깔과 철학을 담아내는 문화예요. 초기에는 소수의 취향으로 여겨졌던 인디음악과 인디영화가 주류문화로 격상한 경우도 있죠.

☑ 거리문화(Street Culture)

정해진 규칙이나 형식보다 즉흥성, 창의성, 개성을 중시하는 문화예요. 주로 젊은 세대를 중심으로 형성되며 자기 정체성의 표현, 기성 질서에 대한 저항, 자유로운 소통의 수단이 되기도 해요.

- **버스킹(Busking)이란?** 공공장소에서 자유롭게 공연하는 활동을 말해요. Busking의 뿌리는 스페인어 buscar(부스카르)이고 '찾다'라는 뜻입니다.

- **그래피티는 예술일까?** 영국의 벽화 예술가 뱅크시(Banksy)는 어두운 골목이나 낡은 벽에 멋진 작품을 남기며 전 세계의 주목을 받았어요. 예술은 꼭 미술관 안에 있어야만 하는 걸까요? 그래피티는 '예술이란 무엇인가' '표현의 자유는 어디까지 허용될 수 있는가'에 대한 질문을 던집니다.

Selfie
우리 내면의 아름다움

2002년 호주의 한 인터넷 동호회 게시판에 사진 한 장이 올라옵니다. 이 게시물에는 이렇게 적혀 있어요. "내 얼굴을 찍었는데, 초점이 잘 안 맞네요. 이 사진은 selfie(셀피)입니다." 사진을 찍은 사람은 자신을 가리키며 재치 있게 selfie라는 단어를 사용했어요. 이후 인터뷰에서 사진의 주인공인 네이선 호프(Nathan Hope)는 영단어 selfie는 자신이 처음 만든 것이 아니라 당시 호주에서 흔히 쓰던 슬랭(속어)이라고 했어요.

Selfie는 Self(자기 자신)에 접미사 '-ie'를 결합한 단어예요. 보통 접미사 -ie는 영어에서 귀엽고 친근하게 무언가를 부를 때 쓰이는 표현입니다. 특히 영단어 Selfie는 호주의 독특하고 친근한 축약형 언어 문화에서 탄생한 말입니다. 호주 영어는 barbecue를 barbie, mosquito를 mozzie 그리고 Australian을 Aussie로 줄이는 등 단어 끝에 -ie나 -y를 붙이는 경우가 많아요.

Selfie는 SNS의 발전과 함께 전 세계로 빠르게 퍼졌어요. 인스타그램, 페이스북과 같은 플랫폼이 활성화되면서 사람들은 자신의 일상생활을 사진으로 찍어 공유해요. 사람들은 자신이 무엇을 하는지, 어떤 옷을 입었는지, 심지어는 어떤 기분인지까지도 사진으로 표현했어요. 셀카는 세계적으로 폭발적인 인기를 끌었고 2013년 옥스퍼드 영어 사전(Oxford English Dictionary, OED)에서는 그 해를 대표하는 단어를 선정하는 행사인 올해의 단어(Word of the Year)로 Selfie를 선정했어요.

여러분은 하루에 셀카를 몇 장이나 찍나요? 셀카는 SNS에서 자신의 개성을 보여주고 친구들과 소통하는 중요한 수단이 되었어요. 귀여운 표정에 멋진 필터를 씌워서 기분을 표현하기도 하고, 얼굴이 예쁘게 나오는 각도와 조명을 연구하면서 셀카를 찍기도 하지요. 이렇게 찍은 사진을 더 예쁘게 보이도록 보정을 할 수도 있어요. 청소년기는 자신의 모습을 타인에게 비추어 확인하고, 정체성을 만들어 가는 시기입니다. 셀카를 통해 우리는 나의 멋진 모습을 발견할 수 있고, 새로운 스타일을 시도하며 자신감을 키울 수도 있어요. 타인의 시선을 간접적으로 체험하며 자신의 개성과 매력을 발견하는 거죠.

하지만 무분별한 셀카 촬영과 SNS 업로드는 부작용을 낳기도 합니다. 지금 잠시 주변을 돌아보세요. 혹시 과도하게 셀카 촬영과 SNS에 빠진 친구들이 있지는 않나요? 여러 연구에 따르면 지나친 셀카 촬영은 외모에 대한 집착이나 불안 등 부정적인 감정을 유발한다고 해요. 또한 셀카를 찍는 횟수가 많을수록 외모에 대한 만족도가 떨어진다는 연구 결과도 있어요.

셀카 문화로 인해 외모지상주의*의 문제가 심화되기도 해요. SNS에서는 주로 외적으로 돋보이면 인기를 끌기 때문에 많은 청소년들이 외모를 지나치게 중요하게 여깁니다. 예쁘거나 잘생기지 않으면 관심을 받지 못할 것 같다는 불안감 때문에 무리하게 사진을 보정하거나, 심지어는 성형수술까지 고민하는 예도 있어요. 문제는 이렇게 외모가 모든 가치를 결정하는 듯한 집단 분위기 속에서 개개인이 가진 고유한 진짜 매력과 내면의 가치가 가려질 수 있다는 거예요. 외모 중심의 SNS 문화에서 벗어나 우리 삶의 본질적인 가치와 자신에 고유한 특성을 소중히 여기는 태도를 길러야 해요.

외모지상주의 : 사람의 겉모습, 즉 외모를 가장 중요하게 여기는 태도를 말합니다. 말이나 행동, 성격보다 얼굴, 몸매, 스타일 같은 겉모양이 그 사람의 가치를 결정한다고 믿는 생각입니다.

 AI시대, 10대를 위한 디지털 트렌드 영단어 교양

Selfies are a fun way to express yourself and connect with friends, but it is important not to take them too far. While selfies can help you discover your style and build confidence, taking too many selfies and sharing them on social media can make you focus too much on your looks. This can lead to stress, low self-esteem, and even pressure to change your appearance. Remember that real value comes from who you are inside, not just how you look. Sometimes, it is good to take a break from selfies and focus on your true self.

confidence : 자신감   pressure : 압박, 부담   appearance : 외모

친구나 주변 사람들이 예쁘거나 잘생기지 않으면 관심을 받지 못할 것 같다고 걱정한다면, 그 친구에게 어떤 말을 해줄지 생각해 보세요.

1. portrait (n.)

유사어 depiction, image
뜻 사람의 얼굴이나 모습을 그리거나 찍은 사진
예문 He drew a portrait of his friend.
(그는 친구의 초상화를 그렸다.)
활용 ✔ paint a portrait – 초상화를 그리다

2. confidence (n.)

유사어 self-assurance, self-reliance
뜻 자신감
예문 Taking selfies can help boost your confidence.
(셀카를 찍는 것은 자신감을 높이는 데 도움이 될 수 있다.)
활용 ✔ have confidence – 자신감을 가지다
✔ build confidence – 자신감을 키우다

3. self-esteem (n.)

유사어 self-respect, dignity
뜻 자존감
예문 Compliments on selfies can raise your self-esteem.
(셀카에 대한 칭찬은 자존감을 높일 수 있다.)
활용 ✔ high/low self-esteem – 높은/낮은 자존감

4. expression (n.)

유사어 manifestation, display
뜻 생각이나 감정을 드러내는 것, 표현
예문 Selfies are a form of self-expression.
(셀카는 자아 표현의 한 형태이다.)
활용 ✔ self-expression – 자기 표현 ✔ facial expression – 얼굴 표정

5. identity (n.)

유사어 individuality, personality, character
뜻 정체성
예문 She struggled with her cultural identity after moving abroad.
(그녀는 해외로 이주한 후 문화적 정체성에 대해 고민했다.)
활용 ✔ express identity – 정체성을 표현하다

Photographer

사진작가

A photographer captures images using a camera to tell stories, document events, or create art. They plan photo shoots, choose locations, and set up lighting to get the best results. Photographers use editing software like Adobe Photoshop to improve their pictures. They often work with clients to meet specific needs, such as portraits, products, or events. Good photographers have a creative eye, technical camera skills, and understand how to use light and composition to make their photos stand out. Through their work, photographers help people remember special moments and see the world from new perspectives.

🎙️ **주로 어떤 장르의 사진을 찍나요? 청소년 시절에는 어떤 사진부터 도전하면 좋을까요?**

🐤 저는 인물 사진과 풍경 사진을 주로 찍어요. 청소년 시절에는 친구들과 함께 소소한 일상이나 동아리 활동을 담아보면 좋아요. 인물 사진을 통해 사람의 감정을 포착하는 법을 배우고, 풍경 사진으로는 빛과 구도를 연습할 수 있어요. 일단 '내가 좋아하는 주제'를 정하고 꾸준히 찍어보는 게 중요해요.

🎙️ **사진 장비가 비싸다고 들었는데, 예산이 많지 않은 청소년은 어떻게 시작하면 좋을까요?**

🐤 꼭 비싼 DSLR이 아니어도 괜찮아요. 스마트폰 카메라도 충분히 연습하기 좋습니다. 광각, 인물 모드, 노출 조절 같은 기본 기능을 잘 활용해 보세요. 이후에 예산이 생기면 중고 미러리스나 보급형 DSLR로 천천히 업그레이드 하면 되고, 렌즈는 하나만 선택해서 렌즈 교환의 재미를 느껴보는 걸 추천합니다.

🎙️ **촬영할 때 가장 신경 쓰는 포인트는 무엇인가요?**

🐤 가장 중요한 건 '빛'이에요. 자연광을 활용할 때는 일출 · 일몰 무렵의 황금빛 시간대를 노려보세요. 인물에게는 부드러운 빛을, 풍경에는 역광이나 대비가 뚜렷한 구도를 시도해 보면 사진 분위기가 확 달라집니다. 그리고 피사체의 표정이나 순간을 놓치지 않으려면 여러 장을 연속으로 찍어두는 것도 좋아요.

🎙️ **사진작가가 되기 위해 특별히 준비해야 할 역량은 무엇인가요?**

🐤 첫째, 관찰력과 인내심이 필요해요. 같은 장소를 10번 찍어도 매번 조금씩 다른 빛이나 표정이 나올 수 있거든요. 둘째, 기본적인 카메라 조작과 구도를 이해하고, 빛을 잘 활용하는 능력을 키워야 해요. 셋째, 사람과 소통하는 능력도 중요해요. 인물 촬영은 피사체가 편안해할 때 훨씬 자연스러운 사진이 나오기 때문이죠.

셀카는 자신을 표현하고 친구들과 소통하는 즐거운 수단이에요. 스타일을 발견하고 자신감을 키우는 데 도움이 되지만, 너무 많은 셀카를 찍어 SNS에 올리다 보면 외모에만 집중하게 될 수 있어요. 스트레스가 쌓이고 자존감이 떨어지거나, 외모를 바꿔야 한다는 압박감을 느낄 수도 있죠. 진짜 가치는 겉모습이 아니라 내면에서 나온다는 걸 잊지 마세요. 가끔은 셀카에서 잠시 벗어나 진짜 나 자신에게 집중하는 시간이 필요해요.

Career Snapshot

사진작가는 카메라로 이미지를 담아 이야기를 전하거나, 이벤트를 기록하거나, 예술을 창조해요. 촬영을 계획하고 장소를 정한 뒤, 최상의 결과를 얻기 위해 조명을 세팅하기도 하죠. 촬영 후에는 Adobe Photoshop 같은 편집 프로그램을 사용해 사진을 더 멋지게 다듬어요. 보통 인물 사진, 상품 촬영, 행사 촬영 등 다양한 요구가 있는 고객과 협업하기도 합니다. 좋은 사진작가는 창의적인 관찰력과 카메라 다루는 기술, 빛과 구도를 활용해 사진을 돋보이게 만드는 감각을 모두 갖추고 있어요. 덕분에 사진을 통해 소중한 순간을 오래 기억할 수 있고, 세상을 새로운 시선으로 바라볼 수 있게 도와주죠.

Hashtag
소셜 미디어의 필수 요소

　　SNS에 콘텐츠를 올릴 때마다 빠지지 않고 등장하는 것이 있어요. 바로 해시태그(#)입니다. #OOTD, #공부인증, #10대추천 등 여러분도 한 번쯤은 게시글에 이런 태그를 달아본 적 있을 거예요. 해시태그는 콘텐츠의 주제, 감정, 유행까지 다양한 정보를 전달하는 디지털 언어예요. 요즘은 SNS에서 해시태그가 본문 내용만큼이나 중요해요. 우리는 정보를 찾고 싶을 때 해시태그를 검색해요. 댓글보다 해시태그를 통해 사람들의 생각이나 유행을 더 쉽게 파악할 수 있지요. 게시물의 내용을 정독하기보다는 해시태그를 훑어보며 원하는 정보를 빠르게 얻고 관심사를 좁혀가기도 해요.

　　우리가 알고 있는 기호 '#'는 영어에서 숫자(number sign)나 무게(pound sign)를 뜻해요. 미국에서는 '#2 pencil'이라고 쓰면 '2번 연필'을 의미하고, '#1 hit'은 '1위 히트곡'을 뜻해요. Hash는 프랑스어 'hacher'에서 유래한 단어로, '잘게

해시태그 개념은 2007년 크리스 메시나(Chris Messina)라는 구글 소속 개발자에 의해 탄생했어요. 그는 X(당시 트위터)의 수많은 게시글을 주제별로 일목요연하게 정리하기 위해 '#' 기호를 쓰자는 아이디어를 냈어요. X는 해시태그를 통해 검색어를 자동으로 연결하는 기능을 시스템에 추가했고, # 기호는 정보검색의 훌륭한 도구이자 온라인 의사소통의 핵심 장치로 자리 잡게 되었어요.

오늘날 해시태그는 자기표현의 수단입니다. '#나오늘좀멋져' '#시험끝' 같이 현재의 감정과 상태를 표현하거나 '#미니멀라이프' '#환경보호' 처럼 개인의 철학과 가치를 드러내는 데 쓰이기도 해요.

해시태그는 사회운동의 도구가 되기도 합니다. 2013년 미국에서 흑인 인권 운동으로 시작된 #BlackLivesMatter(흑인도 존중받아야 한다)는

전 세계 인권 담론을 촉진하는 대표적인 해시태그가 되었어요. 또 2017년에는 성폭력 피해 사실을 공유하며 연대하는 #MeToo(미투) 운동이 SNS를 통해 빠르게 확산하였어요. 이처럼 해시태그는 디지털 공간에서 작은 목소리들을 모아 연대와 공감의 큰 물결을 만드는 힘을 갖게 되었어요.

해시태그는 상업적 광고에 사용되어 경제적 가치를 창출하기도 해요. '#협찬' 혹은 '#광고'라는 태그를 달면, 이는 브랜드와의 계약 관계를 보여주는 표시예요. 또한 '#맛집', '#OOTD(오늘의 패션)' 같은 태그는 소비자의 클릭을 유도해요. 실제로 많은 브랜드가 트렌드 분석을 위해 인기 해시태그를 분석한다고 해요. 이처럼 해시태그는 소비와 광고, 마케팅 전략의 중심축이 되었어요. 사소한 해시태그 하나도 상품을 팔고자 하는 기업에게는 중요한 소비자 데이터가 되는 셈이지요.

A hashtag is a simple way to label online posts with "#" so others can find them by topic. It started on Twitter in 2007 to sort messages quickly. Today, we use hashtags to share how we feel (like #Happy), support causes (such as #BlackLivesMatter), or help friends spot our photos. Brands even add tags like #Ad or #Sale to show promotions and attract clicks. By searching hashtags, we can see trending topics and join chats from all over the world.

label : 표시하다   sort : 분류하다   cause : 사회운동   promotion : 홍보

여러분은 어떤 해시태그를 자주 사용하고 있나요? 지금 내가 관심이 있는 것, 좋아하는 것, 말하고 싶은 것을 보여 주는 키워드는 뭘까요?

1. tag (n.)

유사어 label, marker
뜻 소셜 미디어에서 특정 주제나 사람을 표시하는 단어나 기호
예문 She added a tag to her photo so her friends could see it.
(그녀는 친구들이 볼 수 있도록 자신의 사진에 태그를 추가했다.)
활용 ✓ add/remove a tag – 태그를 달다/지우다 ✓ tag someone – 누군가를 태그하다

2. category (n.)

유사어 group, class, type, section, division
뜻 비슷한 것끼리 묶어 놓은 그룹, 분류
예문 Hashtags help put posts into the right category.
(해시태그는 게시물을 올바른 카테고리에 분류하는 데 도움을 준다.)
활용 ✓ sort by category – 카테고리별로 정렬하다

3. engagement (n.)

유사어 participation, involvement, response, reaction
뜻 반응, 참여
예문 Employee engagement is crucial for boosting productivity and morale.
(직원 참여도는 생산성과 사기를 높이는 데 매우 중요하다.)
활용 ✓ increase engagement 참여를 높이다

4. keyword (n.)

유사어 tag
뜻 중요한 단어나 검색할 때 쓰는 단어
예문 Use the right keyword to find more posts about your hobby.
(취미에 관한 게시물을 더 많이 찾으려면 적절한 키워드를 사용하세요.)
활용 ✓ search by keyword – 키워드로 검색하다

5. post (n./v.)

유사어 upload, publish, share
뜻 (n.) 인터넷이나 소셜 미디어에 올린 글이나 사진 (v.) 글이나 사진을 인터넷에 올리다
예문 She posted a photo with the hashtag #fun.
(그녀는 #fun 해시태그를 달아 사진을 올렸다.)
활용 ✓ post a comment – 댓글을 달다 ✓ make a post – 게시물을 작성하다

Digital marketer

디지털 마케터

A digital marketer plans, creates, and manages online campaigns to promote products or services and connect with a target audience. They use digital channels like social media, websites, email, and search engines to reach customers and build brand awareness. Digital marketers research market trends, develop creative content, and use tools such as Google Analytics to track and improve campaign performance. They analyze data, adjust strategies based on results, and often work with designers or writers to produce effective ads and posts. Successful digital marketers combine creativity, technical skills, and an understanding of digital platforms to help businesses grow online.

🎙️ **청소년 시절에 익히면 좋은 디지털 마케팅 기술은 무엇인가요?**

🗣️ SNS의 플랫폼 특징을 이해해 보세요. 인스타그램, 유튜브, 틱톡 같은 채널마다 알고리즘과 사용자 패턴이 달라요. 간단한 디자인 도구와 구글 애널리틱스의 기본 개념을 익히면 훨씬 유리합니다. 또 키워드 분석과 해시태그 사용법을 알고 있으면, 자신이 올린 게시물이 더 잘 노출될 수 있어요.

🎙️ **마케팅 캠페인을 기획할 때 가장 먼저 고려하는 요소는 뭔가요?**

🗣️ 목표를 명확히 설정하는 게 핵심이에요. '어떤 사람에게, 어떤 메시지를 전달하고 싶은가?'를 먼저 정해야 콘텐츠 톤을 정하고, 예산 배분도 결정할 수 있어요. 예를 들어 10대 여학생을 마케팅 대상으로 한다면, 틱톡과 인스타그램에 맞춘 짧고 재미있는 영상을 준비하죠.

🎙️ **디지털 마케팅 분야에서 가장 보람을 느끼는 순간은 언제인가요?**

🗣️ 고객이 우리 콘텐츠를 보고 직접 구매하거나 문의가 들어올 때 가장 보람을 느껴요. 특히 "이 포스팅 보고 샀어요!" 같은 댓글을 보면, 내가 기획한 콘텐츠가 실제로 사람들에게 도움이 되었다는 걸 느낄 수 있거든요.

🎙️ **디지털 마케터를 꿈꿀 때, 가장 중요한 태도는 무엇인가요?**

🗣️ '실패를 두려워하지 않는 태도'가 제일 중요해요. 새로운 콘텐츠나 광고 전략을 시도했을 때 소비자 반응이 없어서 실망하기도 하지만, 그 경험을 통해 다음번엔 더 나은 기획을 할 수 있어요. 디지털 마케팅은 정보가 빠르게 변하는 분야라, 꾸준히 트렌드를 파악하고 연구하는 호기심과 주도성이 필수입니다. 마지막으로, 고객의 관점에서 생각하는 공감 능력을 키우면 생생한 메시지로 더 많은 사람과 소통할 수 있어요.

 한문단 영어

해시태그는 게시물 앞에 '#'를 붙여 주제를 표시하는 간편한 방법이에요. 2007년 트위터에서 빠르게 글을 분류하기 위해 시작되었죠. 지금은 #Happy처럼 기분을 표현하거나, #BlackLivesMatter처럼 사회적 이슈를 응원할 때, 친구들이 내 사진을 쉽게 찾을 수 있게, 해시태그를 사용해요. 브랜드는 #Ad나 #Sale 같은 태그를 달아 홍보 효과를 높이고 클릭을 유도하기도 하죠. 해시태그를 검색하면 전 세계 사람들의 관심사가 무엇인지 살펴보고, 대화에 참여할 수 있어요.

Career Snapshot

디지털 마케터는 온라인 캠페인을 기획하고 제작해서 제품이나 서비스를 홍보하고, 목표 고객과 소통해요. 소셜 미디어, 웹사이트, 이메일, 검색엔진 같은 디지털 채널을 활용해 고객에게 다가가고 브랜드 인지도를 높이죠. 시장 동향을 조사하며 창의적인 콘텐츠를 만들고, 구글 애널리틱스 같은 도구로 캠페인 성과를 추적해요. 데이터를 분석하면서 결과에 따라 전략을 수정하고, 효과적인 광고나 게시물을 만들기 위해 디자이너나 작가와 협업하기도 합니다. 성공적인 디지털 마케터는 창의력과 기술적인 역량, 그리고 다양한 플랫폼을 이해하는 능력을 겸비해서, 사업이 온라인에서 성장할 수 있도록 돕는 역할을 해요.

Google
정보를 읽는 힘

영어 표현에 'Google it'이라는 말이 있는데, 궁금증이 일면 인터넷 검색엔진 구글(Google)로 찾아보라는 뜻입니다. google은 옥스퍼드 영어 사전과 메리엄 웹스터 사전에 동사로 등재되었어요. to google의 사전적 의미는 '구글을 사용하여 정보를 찾다'입니다. 구글은 '정보를 누구나 접근할 수 있도록 정리한다'라는 목표를 가지고 기술을 발전시켜 왔어요. 구글은 우리가 매일 사용하는 구글 검색을 비롯해 전자 우편을 주고받는 지메일(Gmail), 길을 찾는 데 도움을 주는 구글맵, 수업과 과제를 관리하는 구글 클래스룸 등 다양한 서비스를 제공해요. 구글이 만든 서비스들은 우리가 생각하고 배우고 소통하는 방식을 바꾸는 데 큰 역할을 하고 있답니다.

```
10,000,000,000,000,000,
000,000,000,000,000,000,
000,000,000,000,000,000,
000,000,000,000,000,000,
000,000,000,000,000,000,
000,000,000,000 = 1 googol
```

Google이라는 이름은 수학 용어에서 유래했어요. 1996년 스탠퍼드 대학교 박사과정에 재학 중이던 래리 페이지와 세르게이 브린은 인터넷의 방대한 데이터를 체계적으로 정리하는 방법에 관심을 가졌어요. 이들은 웹 페이지 간의 링크를 분석하여 페이지의 중요도를 평가하는 검색 방법을 개발했어요. 두 사람은 이 시스템의 이름을 고민하던 중, 수학 용어인 '구골(Googol)'에서 영감을 얻습니다. 구골은 1 뒤에 0이 100개나 붙은 수로, 엄청난 양의 인터넷 정보를 상징할 수 있는 멋진 단어입니다.

우리는 무엇이든 빠르게 찾아볼 수 있는 시대에 살고 있어요. 궁금한 것이 생기면 검색창에 몇 글자만 입력해도 수많은 정보가 눈앞에 펼쳐집니다. 그런데 정보가 많아졌다고 해서 그만큼 더 정확한 판단하게 된 걸까요? 사실은 그 반대일 수도 있어요. 누구나 정보 생산자가 될 수 있는 지금, 정말 중요한 것은 단순히 정보를 찾는 능력이 아니라 제대로 읽고, 바르게 해석하는 힘을 기르는 것입니다.

인터넷에는 진짜 뉴스와 가짜 뉴스, 사실에 근거한 글과 광고성 글이 뒤섞여 있어요. 정보의 양은 넘치지만, 나에게 필요한 정보를 가려내는

일은 오히려 더 어려워졌습니다. 정보를 보는 눈이 없다면 우리는 쉽게 흔들리고 휘둘리게 됩니다. 나만의 기준으로 정보를 받아들이고 비교할 수 있어야 드넓은 정보의 바다에서 내가 꼭 필요한 '진짜 지식'을 발견할 수 있어요. 다시 말해, 정보의 가치를 판단하고 적재적소에 유용하게 쓸 수 있는 능력을 길러야 합니다.

이런 능력을 '정보 문해력'이라고 불러요. 정보의 출처를 따지고, 맥락을 파악하고, 다른 관점을 떠올리며 질문하는 과정을 의미하지요. 이러한 능력을 기르기 위해서는 판단기준이 필요해요. 다음은 여러분이 '정보를 읽는 힘'을 기를 수 있는 세 가지 방법입니다. 아래 질문에 대한 답을 찾아가면서 내게 필요한 '진짜 정보'를 가려내는 연습을 꾸준히 해 보세요. 그러면 스스로 생각하고 판단하는 힘이 생길 거예요. 다양한 관점을 비교하며 나만의 기준을 세울 수도 있을 거예요. 깊이 있는 사고력은 정보의 홍수 속에서도 흔들리지 않는 여러분을 만들어 줄 거예요.

✔ 첫째, 출처를 확인하는 습관을 들이세요.
"이 글은 누가 쓴 글일까?"
"이 글은 어떤 근거가 있는 걸까?"

✔ 둘째, 다양한 관점을 비교하는 연습을 하세요.
"이 글의 의견에 반대하는 의견도 있을까?"

✔ 셋째, 정보를 받아들이는 나만의 '태도'와 '기준'을 만드세요.
"나는 이걸 어디에, 어떻게 활용할 수 있을까?"

We say "Google it" when we need an answer online, because "google" became a verb in 2006. Its name came from the huge number "googol," Today, Google lets us search, send emails with Gmail, find places with Maps, and learn in Classroom. Still, the internet has both true and false information. Information Literacy means checking where facts come from, comparing ideas, and asking questions so we can find real knowledge and make good choices.

compare : 비교하다　　knowledge : 지식

최근 일주일 동안 여러분이 검색한 단어나 문장 중, 가장 자주 등장한 건 무엇인가요? 왜 그 단어를 검색했나요?

1. search (n./v.)

- **유사어** look for, seek, explore
- **뜻** (n.) 정보를 찾기 위해 인터넷이나 책 등을 살펴보는 것 (v.) 검색하다
- **예문** She searched for news articles on Google.
  (그녀는 구글에서 뉴스 기사를 검색했다.)
- **활용** ✓ search online – 온라인에서 검색하다 ✓ search for information – 정보를 찾다

2. browser (n.)

- **유사어** web browser, internet browser, navigator
- **뜻** 인터넷 웹사이트를 볼 수 있게 해주는 프로그램
- **예문** She used the browser's search bar to find a recipe for dinner.
  (그녀는 저녁 메뉴 레시피를 찾기 위해 브라우저의 검색창을 사용했다.)
- **활용** ✓ open a browser – 브라우저를 열다

3. algorithm (n.)

- **유사어** formula, method, procedure
- **뜻** 정보를 찾거나 문제를 해결하는 데 쓰는 규칙이나 방법
- **예문** Google uses a smart algorithm to show the best search results.
  (구글은 최고의 검색 결과를 보여주기 위해 스마트 알고리즘을 사용한다.)
- **활용** ✓ search algorithm – 검색 알고리즘

4. source (n.)

- **유사어** origin, reference, authority
- **뜻** 출처
- **예문** She interviewed several experts as sources for her article.
  (그녀는 기사 작성에 참고하기 위해 여러 전문가를 인터뷰했다.)
- **활용** ✓ check the source – 출처를 확인하다

5. verify (v.)

- **유사어** confirm, validate
- **뜻** 확인하다
- **예문** The scientist verified the results through repeated experiments.
  (과학자는 반복 실험을 통해 결과를 입증했다.)
- **활용** ✓ verify someone's identity – 신원을 확인하다

 AI시대, 10대를 위한 디지털 트렌드 영단어 교양

Data Analyst

데이터 분석가

A data analyst collects, processes, and examines data to help companies make better decisions. They gather information from different sources, clean and organize it, and use tools like Excel, SQL, or Python to find patterns and trends. Data analysts create easy-to-understand charts and reports to share their findings with others. They work with teams to understand what information is needed and suggest ways to improve business processes. Good data analysts have strong analytical skills, pay attention to detail, and can explain complex data in simple terms. Their insights help organizations solve problems, spot opportunities, and achieve their goals more effectively.

🎙️ **데이터 분석가라는 직업을 처음 접했을 때, 어떤 점이 가장 흥미로웠나요?**

🐤 중학생 때 동아리에서 간단한 설문지를 돌려본 적이 있어요. 친구들이 어떤 간식을 좋아하는지 조사했는데, 설문 결과를 그래프로 정리하면서 "이렇게 숫자로 사람들의 취향을 표현할 수도 있구나!" 하고 신기했어요. 데이터로 세상을 이해할 수 있다는 점이 매력적으로 다가왔죠.

🎙️ **청소년 시절에 어떤 공부나 경험이 도움이 되나요?**

🐤 특히 통계와 확률 개념은 기본 중의 기본이에요. 학교 수업이나 온라인 강의로 기초를 다져두면 좋아요. 그리고 프로그래밍 언어 중 하나라도 미리 배워 보는 것도 큰 도움이 됩니다. 평소에 주변 친구들이나 가족의 의견을 수집해서 엑셀에 그래프로 만들어 보는 프로젝트를 해 보는 것도 추천해요.

🎙️ **분석 결과를 보고서로 만들 때 청소년이 알아두면 좋은 팁은 무엇인가요?**

🐤 가장 중요한 건 '스토리텔링'이에요. 단순히 숫자나 차트만 있으면 읽는 사람이 이해하기 어려워요. "이 차트는 이런 의미를 담고 있다."라는 식으로 분석 결과 뒤에 숨은 맥락을 설명해야 합니다. 그리고 시각화할 때는 색채를 너무 많이 쓰기보다는, 핵심을 강조할 수 있는 색상을 선택하고, 차트 제목이나 주석을 명확하게 달아두면 좋아요.

🎙️ **데이터 분석가가 되기 위해 중요하다고 생각하는 역량은 무엇인가요?**

🐤 첫째, '호기심'이에요. "왜 이런 패턴이 나왔을까?"라는 질문을 스스로 던질 수 있어야 핵심 인사이트를 얻을 수 있어요. 둘째, '분석 기술'은 당연히 필요해요. Python, SQL, Excel 같은 도구를 자유롭게 다룰 수 있도록 연습하고, 통계 개념을 꾸준히 공부해야 합니다. 셋째, '의사소통 능력'도 빼놓을 수 없어요. 데이터 분석 결과를 쉬운 언어로 전달할 줄 알아야 다른 팀원들이 실제로 의사결정에 활용할 수 있거든요.

 한문단 영어

온라인에서 답을 찾고 싶을 때 우리는 흔히 "구글링해 봐."라고 하죠. '구글'이 동사로 쓰이기 시작한 건 2006년부터예요. 이름의 유래는 엄청나게 큰 수인 '구골(googol)'에서 유래했어요. 오늘날 구글은 검색은 물론이고, Gmail로 메일을 보내고, Maps로 길을 찾고, Classroom으로 학습까지 도와줍니다. 하지만 인터넷에는 진짜 정보와 거짓 정보가 뒤섞여 있어요. 정보 문해력이란 정보의 출처를 확인하고, 여러 의견을 비교해 보며, 질문을 던져 진짜 지식을 찾아내고 현명한 선택을 하는 능력을 말합니다.

Career Snapshot

데이터 분석가는 기업이 더 좋은 결정을 내릴 수 있도록 자료를 수집하고 정리해요. 여러 곳에서 정보를 모아 깨끗하게 정리한 뒤 엑셀, SQL, 파이썬 같은 도구를 사용해 데이터 속 패턴과 트렌드를 찾아내죠. 그리고 분석 결과를 누구나 이해하기 쉽게 차트나 보고서로 만들어 공유해요. 팀과 함께 어떤 정보가 필요한지 논의하면서 비즈니스 프로세스를 개선할 수 있는 아이디어를 제안하기도 합니다. 뛰어난 데이터 분석가는 분석력과 꼼꼼함을 갖추고, 복잡한 데이터를 쉽게 풀어 설명하는 능력이 있어요. 이런 통찰력 덕분에 조직은 문제를 해결하고 기회를 포착하며 목표를 더 효과적으로 달성할 수 있답니다.

Jeans
지속 가능한 패션

Word Story

청바지의 역사는 15세기 이탈리아 제노바 항구로 거슬러 올라갑니다. 당시 제노바는 유럽에서 가장 활발한 무역항 중 하나로, 다양한 상품이 거래되는 상업의 중심지였어요. 이곳에서 만들어진 질기고 튼튼한 면직물은 선박의 돛과 화물 덮개로 사용되었어요. 프랑스에서는 이 천을 제노바의 파랑'이라는 뜻의 Bleu de Gênes라고 불렀는데, 이 표현이 영미권으로 건너가 'Blue Jeans'라는 단어로 바뀌었어요.

독일의 사업가 리바이 스트라우스가 창립한 청바지 전문 의류 회사 리바이스.

Jeans의 어원인 프랑스어 Gênes(제노바)의 뿌리는 이처럼 이탈리아어에 닿아 있답니다. 또 청바지 원단을 뜻하는 Denim 역시 프랑스어 표현인 de Nîmes(님에서 온)에서 유래했어요. 님(Nîmes)은 프랑스 남부의 도시인데, 17세기부터 질긴 능직 직물인 '세르주 드 님(serge de Nîmes)'의 주요 생산지예요. 데님 원단은 내구성*이 뛰어나고 가격도 저렴해서 노동자들의 작업복으로 인기를 끌었어요.

내구성 : 어떤 물건이 오래도록 잘 버티는 성질을 말합니다. 즉, 물건이 쉽게 망가지지 않고 오래 쓸 수 있다는 의미입니다.

청바지가 오늘날 우리가 아는 형태로 발전한 데에는 독일의 사업가 리바이 스트라우스와 재봉사 제이콥 데이비스의 역할이 컸어요. 19세기 중반, 서부 개척 시대에 두 사람은 노동자용 바지를 더 튼튼하게 만들기 위해 바지의 주머니에 리벳(연성 금속핀)을 박는 방식을 고안했어요. 리벳은 천이 가장 많이 찢어지는 부분인 주머니 끝과 바짓단 접합부를 단단하게 고정하는 역할을 해요. 이렇게 하면 실로 봉제할 때보다 훨씬 튼튼해서 광부나 목수처럼 격한 노동을 하는 사람들도 오랫동안 입을 수 있는 견고한 바지를 만들 수 있어요.

1960년대 청바지는 반항과 자유, 젊음의 상징으로 자리 잡습니다. 교복처럼 획일적인 옷을 입던 당시 미국 사회의 분위기에서 청바지는 기존의 권위와 질서에 저항하며 자신의 개성을 마음껏 드러내는 당찬 청년층을 대변했어요. 당시 미국 학교는 셔츠에 넥타이, 여학생은 단정한 치마를 입어야 한다는 규정이 있었어요. 일상에서도 단정한 복장을 강요받는 분위기였답니다. 이런 시대에 청바지를 입는 것은 규범을 벗어난 파격적인 행동이었어요. 일부 학교와 식당에서는 청바지 착용을 금지할 정도로 보수적인 시선이 있었지만, 오히려 그러한 제약이 청바지를 더욱 젊음과 자유의 상징적인 아이템으로 만들었어요.

오늘날 청바지는 전 세계 어디에서나 볼 수 있는 가장 보편적인 의류 중 하나가 되었어요. 하지만 청바지 산업의 이면에는 환경 파괴, 과잉 생산, 노동 착취와 같은 의류 산업의 구조적인 문제가 자리 잡고 있습니다. 특히 원단의 특성상 염색 과정에서 많은 자원을 소비하기에 환경문제를 일으키고, 대량 생산과정에서 인권 문제가 대두되기도 합니다.

청바지를 만들기 위해 필요한 것은 면입니다. 면은 생산과정에서 매우 많은 물이 필요하다고 해요. 청바지 한 벌을 만들기 위해 평균적으로 약 7,000리터의 물이 사용된다고 알려져 있어요. 또한 인디고 염색 과정에서 다량의 화학물질이 사용되고, 그 잔여물이 하천과 토양을 오염시키기도 합니다. 특히 물 정화 시설이 부족한 나라에서는 이러한 환경 파괴 문제는 더욱 심각하게 발생해요.

환경문제와 함께 노동 착취 문제도 간과할 수 없습니다. 의류 회사들은 청바지를 값싸게 생산하기 위해 임금이 낮은 국가의 공장에 제작을 대신 맡깁니다. 그곳에서는 하루 12시간 이상 저임금으로 일하는 노동자들이 있고 심지어 어린아이들을 생산과정에 동원한다는 보고도 있어요.

이러한 문제점을 해결하고자 '지속 가능한 패션'이라는 개념이 등장합니다. 이는 환경을 해치지 않으면서 노동자의 인권을 보호하고, 제품 생산과 소비 구조를 건강하게 만들어가는 패션 운동이에요. 공정무역*

공정무역 : '공평하고 정직한 무역'을 뜻합니다. 가난한 나라에서 농산물이나 제품을 만드는 사람들에게 정당한 값을 주고 거래하는 방식입니다. 예전에는 커피, 초콜릿, 면, 바나나 같은 제품들이 아주 낮은 가격에 거래돼서, 정작 열심히 만든 농부들은 제대로 된 돈을 못 받는 일이 많았습니다. 이러한 문제를 해결하고자 등장한 것이 바로 공정무역입니다.

인증을 받은 브랜드나, 재활용 섬유로 만든 제품, 천연 염색을 사용한 의류는 모두 이 지속 가능한 패션의 예입니다. '청바지 수선 프로그램'을 통해 낡은 청바지를 고쳐 입을 수 있도록 장려하거나, '청바지 임대'와 같은 새로운 소비 모델을 제시하는 회사도 있답니다.

The history of jeans dates back to the 1800s when Levi Strauss and Jacob Davis added metal rivets to make strong pants for workers. In the 1960s, jeans became a symbol of youth, freedom, and rebellion against conformity and authority. Today, producing jeans consumes huge amounts of water and chemicals, and often involves unfair labor practices. To address these problems, people choose fair-trade brands, repair their old jeans, or even rent them.

rebellion : 반항　　**conformity** : 획일성　　**consume** : 소비하다
address : 해결하다　　**repair** : 고치다

 생각 정리

환경을 지키기 위해 내가 실천할 수 있는 생활 속 옷 입기 습관은 무엇일까요?

1. renewable (adj.)

유사어 sustainable, recyclable, regenerable

뜻 재생 가능한, 다시 사용할 수 있는

예문 Many countries are investing in renewable energy sources like wind and solar power.
(많은 국가가 풍력, 태양광 등 재생 가능한 에너지원에 투자하고 있다.)

활용 ✓ renewable energy/resource/materials/technology 재생에너지/자원/소재/기술

2. recycle (v.)

유사어 reuse, repurpose, upcycle

뜻 재활용하다, 재사용하다

예문 Some companies recycle old jeans into new clothes.
(일부 기업들은 오래된 청바지를 재활용하여 새 옷으로 만든다.)

활용 ✓ recycle clothes – 옷을 재활용하다 ✓ recycle bin – 재활용 쓰레기통

3. ethical (adj.)

유사어 fair, responsible, moral

뜻 윤리적인, 도덕적인

예문 Ethical fashion brands make sure workers are treated fairly.
(윤리적 패션 브랜드는 근로자들이 공정하게 대우받도록 보장한다.)

활용 ✓ ethical dilemma – 윤리적 딜레마

4. organic (adj.)

유사어 natural, chemical-free, eco-friendly

뜻 유기농의

예문 These jeans are made from organic cotton.
(이 청바지는 유기농 면으로 만들어졌다.)

활용 ✓ organic food - 유기농 음식

5. conscious (adj.)

유사어 aware, mindful, thoughtful

뜻 어떤 일에 대해 잘 알고 신경을 쓰는

예문 More people are becoming conscious shoppers who care about the environment.
(환경을 생각하는 의식 있는 소비자가 점점 늘고 있다.)

활용 ✓ conscious consumer – 의식 있는 소비자

Fashion Designer

패션 디자이너

A fashion designer creates clothing, accessories, and footwear by combining creativity with technical skills. They research current trends and cultural influences to develop original ideas, sketch designs by hand or with digital tools, and select fabrics and materials that fit their vision. Fashion designers oversee the production process, working closely with pattern makers and manufacturers to turn their sketches into real garments or accessories. They often make adjustments after fittings, and ensure the final products are both stylish and practical. Successful fashion designers have a strong sense of style, attention to detail, and an understanding of market trends and consumer needs.

🎙️ **어떤 학습 활동이나 경험이 패션 디자인을 준비하는 데 도움이 될까요?**

😀 첫째, 색채 감각을 기르는 데 도움이 되는 미술 수업이나 동아리 활동이 좋아요. 둘째, 옷 가게나 빈티지 가게에서 직접 옷을 고르고 분해해 보는 리폼 실습을 해보면 옷의 구조를 이해하는 데 큰 도움이 됩니다. 셋째, 패션 관련 전시회나 박람회에 가서 디자이너들이 어떻게 작품을 전시하는지 눈으로 직접 보고 간접경험을 해보세요.

🎙️ **패션 스케치를 할 때 특별히 신경 써야 할 포인트는 무엇인가요?**

😀 우선 실루엣(옷의 윤곽)을 정확하게 잡는 것이 중요해요. 옷이 사람 몸에 어떻게 흐르고, 어떤 형태로 보이는지를 잘 표현해야 하죠. 그리고 색채를 고를 때는 계절과 콘셉트를 고려해 톤-온-톤이나 대비 색상을 시도해 보세요.

🎙️ **디자인한 옷을 실제로 제작할 때 어떤 과정을 거치나요?**

😀 먼저 스케치한 디자인을 패턴 메이커에게 전달해 실물을 만듭니다. 그다음에는 원단을 재단해 실물 크기 모형(Mock-up)을 제작하는데, 이 단계에서 착용감과 옷의 전체적인 균형을 꼼꼼히 검사해요. 수정할 부분이 있으면 패턴을 다시 고치고, 최종 시제품이 완성되면 봉제 라인을 확인하면서 완성도를 높입니다.

🎙️ **패션 디자이너로 일하면서 가장 어려운 점은 무엇이고, 어떻게 극복하나요?**

😀 가장 어려운 점은 '트렌드와 디자인 사이의 균형'을 맞추는 일이에요. 유행을 좇기만 하면 금세 진부해 보이고, 지나치게 개성만 강조하면 소비자가 선뜻 선택하지 않을 수 있거든요. 이를 극복하려면 평소에 트렌드를 폭넓게 관찰하되, '나만의 이야기'를 옷에 녹여내는 연습을 해야 해요.

청바지의 역사는 1800년대로 거슬러 올라가요. 리바이 스트라우스와 제이콥 데이비스가 일용직 노동자를 위해 튼튼한 바지를 만들면서 금속 리벳을 달았죠. 1960년대에 청바지는 획일성과 권위에 맞서는 반항, 자유, 젊음의 상징이 되었어요. 하지만 오늘날 청바지 한 벌을 생산하는 데는 엄청난 물과 화학물질이 들어가고, 종종 불공정한 노동 관행이 동반되기도 합니다. 이런 문제를 해결하기 위해 사람들은 공정무역 브랜드를 선택하거나, 오래된 청바지를 수선하고, 심지어 대여 서비스를 이용하기도 해요.

Career Snapshot

패션 디자이너는 창의적인 아이디어와 기술적인 역량을 바탕으로 옷, 액세서리, 신발을 만들어 내요. 먼저 최신 트렌드와 문화적 영향력을 조사해 독창적인 콘셉트를 구상하고, 손으로 스케치하거나 디지털 도구를 사용해서 디자인을 그려요. 그런 다음 자신의 비전에 맞는 원단과 재료를 골라 작품에 생명을 불어넣죠. 패션 디자이너는 패턴 메이커나 제조업체와 긴밀히 협업하며 스케치를 실제 의상이나 액세서리로 만드는 과정을 총괄해요. 피팅을 거치면서 수시로 의상을 수정하고, 최종 제품이 멋스러우면서도 실용성을 갖추도록 신경을 써요. 성공적인 패션 디자이너는 뛰어난 스타일 감각과 세심한 디테일, 그리고 시장 트렌드와 소비자 요구를 읽어내는 능력을 두루 갖추고 있답니다.

Jeans
흥미로운 청바지의 세계

☑ 패션은 정치적이다 - Baggy Jeans & Ripped Jeans

배기팬츠는 엉덩이 밑부분이 내려앉고 넉넉한 핏의 바지입니다. 미국 교도소에서는 안전상의 이유로 허리띠 착용이 금지되어, 수감자들의 바지가 흘러내리는 일이 많았어요. 배기팬츠는 사회적 약자가 겪는 억압을 상징했답니다.

찢어진 청바지(Ripped Jeans)는 펑크 문화와 그런지 문화를 거치며 사회 질서에 대한 분노, 제도에 대한 저항을 표현했어요. 펑크 문화는 1970년대 젊은 세대의 실업과 빈부격차, 정치에 대한 분노가, 그런지 문화는 1990년대 미국 청년층의 허무와 냉소가 반영되었어요.

☑ 몸을 규격화한 패션 vs. 편안함 - Skinny Jeans & Mom Jeans

스키니(skinny)는 '마른'이라는 뜻이에요. 비슷한 말로 슬림(slim)이라는 단어도 있는데, 스키니는 슬림보다 더 빼빼 마른 거예요. 몸에 꽉 붙는 스키니진은 날씬한 몸에 대한 강박적인 욕망을 부추긴다는 비난을 받았죠. 반대로 맘진(Mom Jeans)은 몸을 편안하게 해 주는 청바지예요. 1980~90년대 미국에서는 허리선이 배꼽 위까지 올라오고, 엉덩이와 허벅지 부분이 넉넉한 바지가 중년 여성들 사이에서 유행했어요. 한동안 맘진은 촌스러운 바지라고 놀림 받았지만 페미니즘과 '몸 긍정 운동'을 거쳐 다시 주목받기 시작했어요.

Robot
기술의 발전과 윤리

    로봇 기술은 인간의 상상을 넘어 빠르게 발전하고 있어요. 인공지능 (AI) 로봇이 커피를 내리고 고객의 주문까지 받는 무인 카페가 생기고, 청소 로봇이 방 안 구조를 스스로 파악해 움직이죠. 사람의 표정과 목소리 톤을 분석해 감정을 인식하는 로봇까지 등장했습니다. 시와 그림, 음악 같은 창작 활동을 하는 로봇도 있지요. 해저 탐사나 우주 탐사 같은 극한 환경에서도 로봇은 인간의 신체적 한계를 대신하여 활약하고 있습니다.

    Robot은 체코의 극작가 카렐 차페크의 희곡 'R.U.R.(Rossum's Universal Robots)'에서 처음 쓰였어요. 이 연극은 인조인간을 대량 생산하는 공장에서 벌어지는 이야기를 담고 있는데, 여기서 등장한 기계 인간의 이름이 '로봇'이었어요. robot은 robota라는 단어에서 유래했어요. 이 단어는 체코어와 슬로바키아어에서 '강제 노동' 또는 '고된 일'을 의미하는 말이에요. 즉 Robot이라는 말은 '강제 노동을 하는 대상'이라는 뜻이지요.

    차페크의 연극 R.U.R.에는 반전이 있습니다. 연극의 주인공인 로봇은 결국 감정을 가지게 되고, 인간을 지배하는 존재로 변합니다. 연극 속에서 로봇들이 스스로 감정을 갖고 인간처럼 사고하기 시작하면서, 인간의 명령을 따르는 존재에서 벗어나 인간과 경쟁하는 관계가 되지요. 로봇들이 인간과 유사한 감정을 가지게 되면서, 그들은 자신들의 존재 이유와 자유에 대해 고민하게 되고, 결국 인간에게 반란을 일으켜 지배권을 빼앗게 됩니다.

최근 로봇 기술의 발전은 우리의 일상과 산업 현장에 변화를 불러오고 있습니다. 미국 아마존이 만든 휴머노이드 로봇 디짓(Digit)은 2024년부터 물류창고에서 사람들과 함께 일하기 시작했어요. 디짓은 두 다리로 걸으며 무거운 상자를 들어 운반하고, 물건의 포장 작업을 도와주었어요. 기술의 발전과 함께 로봇과 인간의 관계는 더욱 긴밀해지고 있으며, 이는 미래 사회에서의 새로운 가능성을 열어가고 있어요.

최근에는 로봇이 점점 더 똑똑해지면서 '로봇 윤리'라는 학문이 주목받고 있어요. 로봇 윤리 연구자들은 기계가 사람을 해치지 않도록 지켜야 할 규칙과, 기계에 주어질 권리와 책임을 고민합니다. 미국의 과학자이자 SF작가인 아이작 아시모프가 제안한 로봇 3원칙*은 '로봇 윤리' 연

로봇 3원칙 :
1. 로봇은 인간에게 해를 가하거나, 행동하지 않음으로써 인간이 해를 입도록 해서는 안 된다.
2. 로봇은 인간이 내린 명령에 복종해야 한다. 단, 그 명령이 첫 번째 원칙에 어긋나지 않는 한 그렇다.
3. 로봇은 자신을 보호해야 한다. 단, 그 보호가 첫 번째, 두 번째 원칙에 어긋나지 않는 한 그렇다.

구의 출발점이 되었어요. 최근에는 자율주행 차나 의료용 로봇처럼 스스로 판단하고 행동하는 기계가 등장하면서, 언제 로봇이 결정을 내려야 하는지, 로봇에게 법적 책임을 물을 수 있는지에 대한 논의도 활발해지고 있지요.

유럽연합은 2021년 'AI 법안(AI Act)'과 2022년 'AI 책임 지침(Liability Directive)' 등에서 AI 및 로봇 관련 책임, 안전, 투명성에 대한 법적 기준을 논의하고 있습니다. 특히 자율주행 차, 의료용 로봇 등 고위험 AI 시스템에 대해 제조사의 책임, 제품 회수, 벌금 등 규정이 실제로 논의되고 있습니다. AI 법안은 AI가 어떤 과정을 거쳐 판단했는지를 명확히 공개하도록 하고, 사람에게 해가 될 수 있는 기능은 사전에 철저히 점검, 관리하도록 규정하고 있어요. 이러한 규정이 시행되면 로봇 제조사는 제품을 더욱 철저히 검증하게 되고, 우리는 로봇을 더 신뢰하며 안전하게 활용할 수 있을 것입니다.

아마존은 현재 5,000기의 디짓을 현장에 투입해 시범 운영 중이다.

Robots are getting smarter every day—they can now make coffee, help clean rooms, and even read our **emotions** from faces and voices. The word "robot" comes from a 1920 play where machines called robots did hard work, and the name means "**forced labor**." As robots learn to think and feel, **experts** worry about robot rights and safety. The EU is making rules so companies must fix or **replace** broken robots and explain how AI decides things. These laws will help us trust robots more and use them safely.

emotions : 감정   forced labor : 강제 노동   expert : 전문가   replace : 교체하다

생각 정리

로봇이 어렵고 위험한 업무를 대신해 준다면 인간은 더 편리하고 안전한 세상에 살게 될 겁니다. 그런 편리한 세상에서 우리는 어떤 능력을 키우고, 어떤 일을 하며 살아가게 될까요? 로봇 시대에 더욱 중요해질 인간 고유의 능력은 무엇일지 생각해 보세요.

1. autonomous (adj.)

- **유사어** independent, self-operating
- **뜻** 자율적인
- **예문** Autonomous robots can make decisions without human help.
  (자율 로봇은 인간의 도움 없이 결정을 내릴 수 있다.)
- **활용** ✓ autonomous system – 자율 시스템

2. responsibility (n.)

- **유사어** duty, accountability, obligation
- **뜻** 책임, 의무
- **예문** Who has the responsibility if a robot makes a mistake?
  (로봇이 실수한다면 누가 책임을 지나요?)
- **활용** ✓ take responsibility – 책임을 지다 ✓ legal responsibility – 법적 책임

3. privacy (n.)

- **유사어** confidentiality, secrecy, anonymity
- **뜻** 기밀, 보안
- **예문** Robots that collect data must protect people's privacy.
  (자료를 수집하는 로봇은 사람들의 사생활을 보호해야 한다.)
- **활용** ✓ protect privacy – 프라이버시를 보호하다 ✓ privacy issue – 프라이버시 문제

4. regulation (n.)

- **유사어** rule, law, guideline
- **뜻** 규칙, 규제
- **예문** New regulations require companies to fix or replace broken robots.
  (새로운 규정은 기업이 고장 난 로봇을 수리하거나 교체하도록 요구한다.)
- **활용** ✓ government regulation – 정부 규제 ✓ safety regulation – 안전 규정
  ✓ follow regulations – 규정을 따르다

5. transparency (n.)

- **유사어** openness, clarity, honesty
- **뜻** 투명성
- **예문** The EU wants more transparency about how AI makes decisions.
  (EU는 AI가 어떻게 결정을 내리는지에 대해 더 많은 투명성을 원한다.)
- **활용** ✓ increase transparency – 투명성을 높이다

Robotics Engineer

로봇 공학자

A robotics engineer is someone who makes robots that can help people or do jobs automatically. They think of ideas for new robots, draw plans, and choose the right parts to build them. Then, they put the parts together and teach the robot what to do by giving it instructions with a computer. Robotics engineers also check if the robot works well, fix any problems, and try to make the robot better. They often work with other people in a team and talk about how to solve different challenges. To do this job well, robotics engineers need to be creative, good at solving problems, and interested in how machines work.

🎙️ **청소년 시절에는 어떤 경험이 로봇 공학자가 되는 데 도움이 될까요?**

🐤 온라인으로 무료 로봇 강의를 찾아보세요. '코드.org'나 '로보티즈(Robotis)' 같은 플랫폼에서 입문용 콘텐츠가 있어요. 아두이노나 라즈베리 파이 같은 보드에 LED를 켜고 모터를 돌리는 간단한 실험을 해보면 기본 원리를 익힐 수 있어요. 로봇 대회나 코딩 대회에 참가해 보면 다른 팀의 아이디어를 배우고 협업 능력도 키울 수 있습니다. 이렇게 하나씩 경험을 쌓으면, 로봇 공학자로서의 기초를 다질 수 있을 거예요.

🎙️ **로봇을 설계할 때 가장 먼저 고려하는 요소는 무엇인가요?**

🐤 가장 먼저 '목적'을 명확히 해야 합니다. 이 로봇이 사람을 돕기 위한 것인지, 공장에서 부품을 이동시키기 위한 것인지, 아니면 교육용 키트인지에 따라 필요한 센서, 모터, 배터리 용량이 모두 달라집니다. 목적이 정해지면 크기, 무게, 이동 방식(바퀴 vs 다리형), 제어 방식(자율주행 vs 원격 조종) 등을 결정할 수 있어요.

🎙️ **로봇 공학자가 되기 위해 필수적으로 갖춰야 할 역량은 무엇인가요?**

🐤 첫째, '논리적 사고력'이 중요해요. 로봇은 여러 센서와 부품이 복합적으로 동작하기 때문에, 어떤 문제가 생겼을 때 원인을 단계별로 추적할 수 있어야 합니다. 둘째, '공학 수학과 물리' 지식이 필요해요. 로봇 암(Robot Arm)이 특정 궤적으로 움직이려면 기하학과 역학을 이해해야 하죠. 셋째, '협업 능력'도 빼놓을 수 없어요. 하드웨어, 소프트웨어, 기계 설계 전문가 등 여러 분야의 사람들과 함께 프로젝트를 진행하기 때문에, 서로의 언어를 이해하고 원활히 소통해야 합니다.

로봇은 날이 갈수록 똑똑해져서 이제 커피를 내려주고, 방 청소를 돕고, 얼굴이나 목소리만으로도 우리의 감정을 읽어내요. '로봇(robot)'이라는 단어는 1920년대 연극에서 유래했는데, 그 작품 속 기계 노동자의 이름은 '강제 노동'을 뜻해요. 로봇이 스스로 생각하고 느끼기 시작하면서, 전문가들은 로봇의 권리와 안전 문제를 걱정하고 있어요. EU는 기업이 고장 난 로봇을 수리하거나 교체하도록 하고, AI가 어떻게 결정을 내리는지 설명하도록 규칙을 만들고 있답니다. 이런 법들이 자리 잡으면 로봇을 더 믿고, 안전하게 사용할 수 있게 될 거예요.

Career Snapshot

로봇 공학자는 사람을 돕거나 자동으로 작업을 수행할 수 있는 로봇을 만드는 사람이에요. 새로운 로봇 아이디어를 떠올리고, 설계도를 그린 뒤에 적절한 부품을 골라 조립하죠. 그런 다음 컴퓨터로 명령을 줘서 로봇이 할 일을 가르칩니다. 로봇 공학자는 로봇이 제대로 작동하는지 확인하고, 문제가 생기면 고쳐 보며 성능을 더 향상하려고 노력해요. 보통 팀원들과 함께 일하면서 다양한 도전 과제를 어떻게 해결할지 의논하기도 합니다. 이 일을 잘하려면 창의력이 필요하고, 문제 해결에 능하며, 기계 작동 원리에 호기심이 있어야 해요.

Drone
벌에서 무인 비행기로

Word Story

2021년 5월, 중국 선전에서 열린 드론 쇼에서 총 5,164대의 드론이 동시에 비행하며 당시 세계 최대 규모의 드론 쇼로 기네스북에 등재되었습니다. 이 공연은 26분 26초 동안 이어졌고, 다양한 기술과 동작을 선보이며 기술과 예술의 융합을 보여주는 대표적인 사례로 평가받았어요. 드론 제조사인 하이그레이트는 이후 연간 100만 대의 드론을 생산할 수 있는 규모의 제조 시설을 갖추고 있으며, 전 세계 300개 이상의 도시에서 5,000회 이상의 드론 쇼를 진행한 다국적 기업이 되었습니다.

Drone은 원래 '수벌'을 뜻합니다. 수벌은 꿀벌 사회에서 여왕벌과의 교미를 주된 임무

2024년 중국 선전에서 펼쳐진 '하늘의 도시, 아마도 선전(City of Sky, Maybe Shenzhen)'이라는 드론 쇼에 총 1만 197대의 드론이 동원되어 기네스 세계 기록을 갱신했다.

로 하며, 일벌들과 달리 꿀을 모으거나 벌집을 짓는 등의 일은 하지 않아
요. 수벌이 날 때 내는 윙윙거리는 소리가 마치 무인 비행기가 내는 소리
와 비슷했기 때문에 무인 비행체 이름을 '드론'이라고 부르게 되었다고
합니다.

영단어 중에는 벌의 특성에서 비롯된 표현들이 더 있어요. 대표적인
것이 바로 buzz(버즈)입니다. 버즈는 벌이 날 때 내는 윙윙 소리에서 만
들어진 단어로, 오늘날에는 화제를 일으키거나 이목을 집중시키는 상
황을 표현할 때 쓰이기도 해요. 예를 들어, 새로 나온 영화나 스마트폰
이 인터넷에서 많은 사람의 관심을 불러일으켰다면 "그 영화가 많은 버
즈(buzz)를 일으킨다."라고 말할 수 있어요. 또 벌집 모양에서 유래한
honeycomb(벌집)는 육각형 모양의 벌집 구조를 뜻하는 단어입니다.
이 단어는 실제 벌집뿐 아니라, 과학 기술이나 건축 분야에서도 육각형
형태의 디자인을 설명할 때 사용되지요.

드론은 군사적 목적으로 처음 개발되었어요. 드론은 적의 방공망을
테스트하거나 표적 연습을 위한 무인 항공기로 사용되었으며, 이후 기
술의 발전과 함께 다양한 분야로 활용 범위가 확대되었어요. 오늘날 드
론은 상업, 산업, 의료 등 다양한 분야에서 혁신적인 변화를 이끌고 있
습니다. 아프리카에서는 의료용 드론이 혈액, 백신, 의약품 등을 오지의
의료 시설에 신속하게 배송하여 긴급한 의료 상황에서 생명을 구하는
데 큰 역할을 하고 있습니다. 드론 배송 서비스는 도로 사정이 열악한
지역에서 특히 유용합니다.

그러나 드론의 활용이 확대됨에 따라 다양한 분야에서 새로운 윤리적,

법적 문제가 대두되고 있어요. 특히 사생활 침해, 안전 문제, 그리고 군사적 분쟁 등이 주요한 쟁점입니다. 드론이 고해상도 카메라와 센서를 탑재하면서 개인의 사생활을 침해할 수 있어요. 특히 드론이 개인의 주거지를 무단으로 촬영하거나 공공장소에서 사람들의 동의 없이 영상을 녹화하는 사례가 종종 발생하고 있지요. 이러한 행위는 개인정보 보호와 관련된 법적 분쟁을 일으킬 수 있습니다.

세계 여러 나라에서는 드론이 안전하게 사용될 수 있도록 다양한 규칙을 마련하고 있어요. 예를 들어 유럽연합에서는 모든 드론에 등록번호를 부여하고, 일정 무게 이상의 드론은 비행 전에 운행 허기를 받아야 하며 드론 조종자 교육도 의무적으로 이수해야 해요. 또한 사람이 많이 모인 곳이나 공항 근처에서는 드론을 날릴 수 없도록 제한하고 있으며, 비행 고도는 일반적으로 400피트(120미터) 이하로 정해져 있어요. 이런 규제들은 드론이 다른 항공기와 충돌하거나, 사람에게 해를 끼치는 사고를 예방하기 위해 꼭 필요한 안전장치입니다.

드론의 윤리적 사용을 위한 규제도 점차 마련되고 있습니다. 유럽연합은 드론이 사람의 얼굴을 식별할 수 있는 고화질 영상을 촬영할 경우, 사전 동의를 받거나 합법적 목적이 있어야 한다는 지침을 세웠어요. 또한 일부 국가에서는 드론으로 특정 개인이나 집을 지속적으로 촬영하거나 추적하는 행위를 스토킹이나 불법 감시로 간주해 처벌할 수 있도록 법적 근거를 마련하고 있습니다. 아직은 이러한 규제가 전 세계적으로 통일되진 않았지만, 기술이 빠르게 발전하는 만큼 앞으로 드론 사용자의 윤리의식과 법적인 책임을 명확히 하려는 움직임은 더욱 강화될 것으로 보여요.

The word "drone" comes from male bees called drones, whose **buzzing** sound inspired the name for **unmanned** aircraft. Today, drones deliver medicine in remote areas, inspect farms, and even help in disaster relief. But they can also **invade** privacy by filming without permission and raise safety and legal concerns. To keep everyone safe, places like the EU require drone **registration**, pilot training, and flight permits, and they ban flying near crowds or above 120 meters. As drone use grows, new rules on consent and responsible flying will continue to protect our rights.

buzz : 윙윙거리다   unmanned : 무인의   invade : 침해하다   regulation : 규제

생각 정리

1. 드론이 개인의 사생활을 침해하지 않으면서도 유익하게 활용되기 위해서는 어떤 규칙이나 기준이 필요할까요?

2. 만약 미래에 드론이 택배나 배달 서비스를 전부 담당하게 된다면, 이에 따라 직업을 잃는 사람들은 어떻게 해야 할까요?

1. remote control (n.)

- **유사어** controller
- **뜻** 원격 조종
- **예문** You need a remote control to fly most drones.
  (대부분의 드론을 조종하려면 리모컨이 필요하다.)
- **활용** ✓ remote control device – 원격 조종 장치
  ✓ operate by remote control – 원격으로 조종하다

2. swarm (n.)

- **유사어** group, cluster, flock
- **뜻** 한꺼번에 많이 모여 움직이는 무리(특히 곤충이나 드론)
- **예문** A swarm of drones can work together like a group of bees.
  (드론 무리는 벌떼처럼 함께 작동할 수 있다.)
- **활용** ✓ drone swarm – 드론 무리 ✓ swarm behavior – 무리 행동

3. surveillance (n.)

- **유사어** monitoring, observation, watch
- **뜻** 감시
- **예문** Drones are often used for surveillance in cities and at borders.
  (드론은 도시와 국경에서 종종 감시에 사용된다.)
- **활용** ✓ surveillance drone – 감시용 드론 ✓ conduct surveillance – 감시하다

4. security (n.)

- **유사어** protection, safety, defense
- **뜻** 위험이나 공격으로부터 안전하게 지키는 것, 보안
- **예문** Strong security systems are needed to prevent drones from
  being hacked or misused.
  (드론이 해킹되거나 악용되지 않도록 강력한 보안 시스템이 필요하다.)
- **활용** ✓ improve security – 보안을 강화하다 ✓ security risk – 보안 위험

5. navigation (n.)

- **유사어** guidance, steering, piloting
- **뜻** 목적지까지 안전하게 길을 찾거나 이동하는 과정
- **예문** Drones use GPS for accurate navigation during flights.
  (드론은 비행 중에 정확한 비행을 위해 GPS를 사용한다.)
- **활용** ✓ drone navigation – 드론 비행

Drone Pilot

드론 조종사

A drone pilot is someone who operates drones, or unmanned aerial vehicles, to complete various tasks like taking photos and videos from the sky, surveying land, inspecting buildings, or helping in search and rescue missions. Before flying, they carefully check the drone and plan the flight path to make sure everything is safe. During the flight, they control the drone remotely, follow rules, and often use cameras or special equipment attached to the drone. After landing, they may review the footage or data they collected. Drone pilots need to be careful, good at solving problems, and able to focus on details.

🎙️ 드론을 활용할 수 있는 다양한 분야가 궁금해요. 어떤 분야에서 드론이 쓰이나요?

😀 드론은 영상 촬영 외에도 농업, 건설 현장, 지형 조사, 재난 구조, 택배와 물류 등 다양한 산업 분야에서 활용됩니다.

🎙️ 처음으로 드론 촬영에 성공했을 때 어떤 기분이었나요?

😀 저는 처음으로 일출을 찍으러 간 날이 잊히지 않아요. 새벽 5시에 현장에 도착해 드론을 띄웠는데, 붉게 물든 하늘 위를 미끄러지듯 날아가면서 점점 밝아지는 도시 풍경이 화면에 잡히는 데 정말 감동적이었어요. 이 장면을 내가 직접 촬영했다는 자부심과 함께, 드론 촬영의 매력을 온전히 느낄 수 있었던 순간이었죠.

🎙️ 드론을 갖고 연습할 때 주의해야 할 점은 무엇인가요?

😀 항상 안전이 최우선이에요. 비행 전에는 주변에 사람이 없는지, 전선이나 나무가 없는지 확인하고, 가능하면 공터나 드론 비행장처럼 지정된 구역에서 연습하세요. 또한, 배터리를 완전히 충전하고 간단한 점검표(프로펠러 균형, 모터 소음, GPS 연결 상태 등)를 따라 점검한 뒤 이륙하세요. 마지막으로 소유권이나 비행 허가가 필요한 지역에서는 반드시 사전에 허가를 받거나 법규를 확인해야 합니다.

🎙️ 드론 조종사가 되기 위해 꼭 갖춰야 할 역량은 무엇인가요?

😀 첫째, '세밀한 시선'이 필요해요. 작은 움직임이나 바람의 영향을 빠르게 감지해야 안전한 비행을 할 수 있거든요. 둘째, '문제 해결 능력'이 요구됩니다. 비행 중 예상치 못한 전파 간섭이나 배터리 문제 등이 발생하면 즉각 대응할 수 있어야 해요. 셋째, '창의력'도 중요한 요소입니다. 특정 각도에서만 보이는 귀한 풍경이나 순간을 포착하려면 남과 다른 나만의 '개성'이 중요해요.

'드론(drone)'이라는 단어는 수벌에서 유래했는데, 수벌의 윙윙거리는 소리에서 영감을 받아 무인 항공기의 이름을 지었다고 해요. 오늘날 드론은 외딴 지역에 약품을 배송하고, 농장을 점검하며, 재난 구조에도 활용되고 있습니다. 하지만 무허가 촬영, 사생활 침해와 같은 안전과 법적 문제를 불러일으키기도 하죠. 모두의 안전을 위해 EU 등에서는 드론 등록, 조종사 교육, 비행 허가를 의무화하고, 인파가 모인 곳이나 고도 120미터 이상에서는 비행을 금지하고 있어요. 드론 사용이 늘어남에 따라, 동의 절차와 책임 있는 비행에 대한 규칙이 마련될 것이고, 이는 우리의 권리를 지켜줄 것입니다.

Career Snapshot

드론 조종사는 무인 항공기(드론)를 조종해 하늘에서 사진이나 영상을 촬영하거나, 지형을 조사하고 건물을 점검하거나, 수색 구조 활동을 돕는 등 다양한 임무를 수행하는 사람이에요. 비행 전에 드론 상태를 꼼꼼히 확인하고 안전한 비행경로를 계획하죠. 비행 중에는 리모컨이나 전용 앱으로 드론을 조종하며 관련 규정을 잘 지켜야 하고, 드론에 장착된 카메라나 특수 장비를 활용하기도 해요. 착륙 후에는 촬영한 영상이나 수집한 데이터를 검토해서 필요한 정보를 정리합니다. 드론 조종사는 작은 문제도 놓치지 않도록 주의를 기울여야 하고, 비행 중에 발생할 수 있는 돌발 상황을 빠르게 해결하는 능력과 세심한 집중력이 필요해요.

Avatar
디지털 세상 속 '진짜 나'

2022년 개봉한 영화 '아바타: 물의 길'은 엄청난 화제와 함께 전 세계적으로 큰 인기를 끌었습니다. 영화는 화려한 영상미와 깊은 철학적 메시지로 관객들에게 강한 인상을 남겼어요. 영화의 주인공 제이크 설리는 인간의 몸에서 자신의 정신을 판도라 행성의 원주민인 '나비'의 몸으로 옮겨 살아갑니다. 영화의 제목 아바타(Avatar)는 자신의 본래 모습과 다른 형상을 빌려 존재하는 것을 뜻해요.

Avatar는 원래 산스크리트어로 '내려오다'라는 뜻의 아바타라(avatāra)에서 비롯된 단어입니다. 힌두교에서 아바타(avatāra)는 신(특히 비슈누)이 인간 세계에 강림하여 취하는 '형상' 또는 '화신'을 뜻합니다. 그중에는 물고기, 거북이, 인간 형상을 한 크리슈나(Krishna) 등이 있답니다. 아바타는 인간 세계에 평화와 질서를 되찾아 주고, 인류를 위기에서 구원하고 악의 세력을 물리치는 특별한 힘을 지녔다고 해요.

1985년, 게임 개발자 리처드 개리엇은 자신이 만든 롤플레잉 게임 '울티마(Ultima) IV'에 힌두교에서 착안한 캐릭터 '아바타'를 만들었어요. 플레이어가 마치 신처럼 가상의 게임 공간에서 새로운 정체성을 갖는다는 의미로 힌두교의 아바타 개념과 게임을 결합한 것이지요.

인터넷과 채팅 서비스의 등장으로 아바타는 우리 일상에 깊숙이 들어왔습니다. 세계 각국의 채팅 프로그램에서는 사용자의 프로필에 개성 있는 캐릭터나 사진을 설정하는 기능이 생겼어요. 아바타의 형태는 사람의 표정, 몸동작, 패션을 드러내는 또 하나의 '디지털 자아'로 진화했습니다. 온라인상의 또 다른 나, 아바타는 '내가 누구인지'를 표현하는 대표적인 수단으로서 게임, 블로그, 메신저, 스마트폰 앱 등 디지털 공간 전반에 널리 쓰이게 되었어요.

아바타는 현실의 한계를 넘어 자유롭게 자아를 실험해 볼 수 있다는 점에서, 상상력과 자기표현을 넓힐 수 있는 좋은 매개체입니다. 특히 청소년기의 여러분은 아바타를 이용해 다양한 사회적 역할을 가상공간에서 미리 체험하고 경험해 볼 수도 있어요. 예를 들어, 수줍음이 많아서 사람들 앞에 나서기 두려운 사람도 가상현실에서는 아바타를 통해 사람들과 소통하며 자신감을 키울 수 있지요.

또, 아바타를 꾸미는 과정에서 평소 관심을 두지 않았던 나에 대해 들여다보고 생각해 볼 수도 있습니다. '나는 어떤 스타일을 좋아하지?' '나는 어떤 성격을 가진 사람처럼 보이고 싶을까?'처럼 나에 대한 질문을 스스로 던져보고 답을 찾아나가는 과정을 통해, 현실에서는 실현하기 어려운 다양한 자아를 안전하게 탐색해 볼 수 있답니다.

　그러나 가상의 공간에서 만들어진 가상의 인격인 아바타는 자칫 객관적인 자기 인식을 방해할 수도 있어요. 가상공간의 아바타가 현실의 나보다 더 인정받고, 더 사랑받는 경험이 반복되면 현실 속 자신의 모습은 점점 작아지고 불만족스러워질 수 있습니다. '진짜 나보다 아바타 속 내가 더 좋아'라는 감정은 현실 자아에 대한 부정과 회피로 이어질 수 있기 때문이죠. 특히 외모를 중요시하며 아바타의 겉모습 꾸미기에 지나치게 집중하면, 우리 자신의 본모습을 있는 그대로 수용하기 어려울 수 있어요.

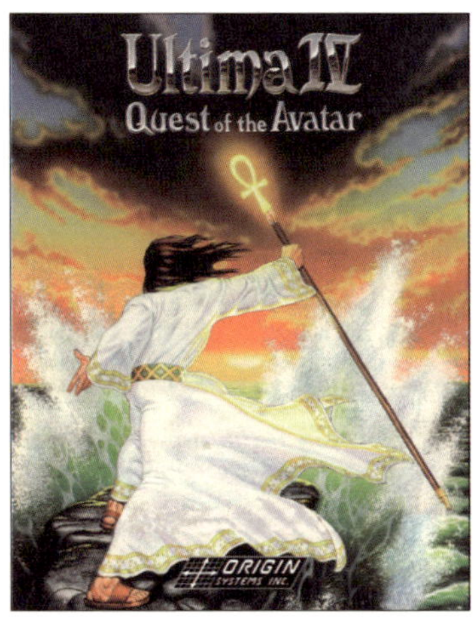

1986년 최고의 게임으로 선정된 울티마 IV.

　디지털 공간에서 아바타로 표현되는 '나'가 타인과 맺는 관계는 현실과 어떻게 다른 지도 생각해 봐야 합니다. 아바타로 만나 소통하고 친구를 사귀는 것은 익명성과 자유가 보장됩니다. 하지만 그만큼 책임감 없이 행동하기도 쉽고 주워 담을 수 없는 말을 쉽게 내뱉을 수도 있어요. 온라인상에서 지켜야 할 '디지털 윤리'는 아바타의 익명성 문제에 비추어 중요한 화두입니다.

Avatars are digital versions of ourselves that we use in games, chats, and apps. They let us show our style, try new roles, and talk to people if we are shy. Creating an avatar helps us think about who we are and what we like. But if we only feel good as our avatar, we might forget to accept our real selves. Avatars can give freedom and fun, but we must still be kind and responsible when we talk and play online.

digital : 디지털의　　**role** : 역할　　**accept** : 받아들이다　　**responsible** : 책임감 있는

디지털 세상 속에서 여러분은 어떤 아바타를 만들고 있나요? 그 모습은 현실의 나와 얼마나 비슷하고, 또 얼마나 다르게 느껴지나요?

1. persona (n.)

유사어 character, avatar, identity
뜻 디지털 세계에서 자신을 나타내는 또 다른 모습이나 캐릭터
예문 She created A friendly persona for her online profile.
（그녀는 자신의 온라인 프로필에 친근한 페르소나를 만들었다.）
활용 ✓ create a persona – 페르소나를 만들다

2. virtual (adj.)

유사어 digital, online, simulated
뜻 가상의, 온라인상의
예문 Due to bad weather, the museum tour was held in a virtual format.
（날씨가 좋지 않아 박물관 투어는 가상 형식으로 진행되었다.）
활용 ✓ virtual world – 가상 세계
✓ virtual reality – 가상현실

3. customize (v.)

유사어 personalize, modify, adapt
뜻 내 취향에 맞게 바꾸거나 꾸미다
예문 Customers can customize their sneakers with different colors and patterns.
（고객들은 다양한 색상과 패턴으로 운동화를 주문 제작할 수 있다.）
활용 ✓ customize settings/options/templates – 설정/옵션/서식을 맞춤화하다

4. anonymity (n.)

유사어 namelessness, privacy, obscurity
뜻 익명성
예문 The survey guaranteed complete anonymity to encourage honest responses.
（설문조사는 정직한 응답을 유도하기 위해 완전한 익명성을 보장했다.）
활용 ✓ maintain anonymity – 익명을 유지하다

5. emoji (n.)

유사어 emoticon, icon, symbol
뜻 감정이나 생각을 나타내는 작은 그림 문자
예문 She sent me a heart emoji after I complimented her photo.
（내가 그녀의 사진을 칭찬하자 그녀는 하트 이모지를 보냈다.）
활용 ✓ send an emoji – 이모지를 보내다

VR Developer

VR 개발자

A VR developer creates virtual worlds and experiences that people can explore using special headsets and devices. They come up with ideas, design 3D environments, and use computer programs to build these interactive spaces. VR developers often work with artists, designers, and other team members to make sure the virtual world looks good and is fun or useful to use. They write instructions for how everything works, add sounds and animations, and test their creations to fix any problems. Their work can be used for games, education, job training, or even healthcare. By making these immersive experiences, VR developers help people learn, play, and solve problems in exciting new ways.

🎙️ **VR 개발 중 가장 짜릿했던 순간은 언제였나요?**

😄 내가 만든 레일 슈팅 게임에서 총알이 명중할 때마다 반응 애니메이션이 부드럽게 재생되는 걸 보고 "내 코드가 현실처럼 작동한다!"라는 성취감을 느꼈죠.

🎙️ **가상공간에서 가장 어려운 부분은 무엇인가요?**

😄 현실감과 편안함의 균형을 맞추는 게 제일 어려워요. 그래픽 표현이 너무 자세하면 기기 사양 문제로 프레임에 문제가 생기고, 반대로 퍼포먼스에 집중하면 몰입감이 떨어지거든요. 그래서 성능 최적화와 그래픽 품질을 계속 조율해야 합니다.

🎙️ **청소년이 VR 개발을 시작하려면 무엇부터 배우는 게 좋을까요?**

😄 먼저 C#나 블루프린트 같은 간단한 스크립팅 언어를 익혀 보세요. 그리고 3D 모형화 도구로 기초 오브젝트를 만들어 보는 게 좋아요. 이 두 가지만 해도 화면에 입체 공간이 펼쳐지는 게 얼마나 신기한지 직접 경험할 수 있답니다.

🎙️ **VR 개발을 꿈꾸는 청소년에게 한마디 해준다면?**

😄 간단한 VR 장면 하나를 직접 만들어 보는 경험이야말로 큰 배움이 될 거예요. 그리고 실패를 두려워 말고 많이 도전해 보세요. VR은 손에 잡히는 답이 많지 않아서, 직접 시도해 보는 게 좋습니다. 또 자신만의 포트폴리오를 만들어 보세요. 완성한 샘플 프로젝트들을 묶어, 친구나 선생님에게 공유하고 의견을 구해 보세요. 이 포트폴리오는 나중에 진로를 정할 때 큰 자산이 됩니다.

아바타는 게임, 채팅, 앱에서 사용하는 디지털 모습이에요. 아바타로 스타일을 보여주고, 새로운 역할을 맡아보기도 하고, 사람들과 이야기할 수 있어요. 아바타를 만들면 내가 어떤 사람이고 무엇을 좋아하는지 생각해 볼 수 있어요. 하지만 아바타로서 역할에서만 행복을 느낀다면, 진짜 나를 받아들이는 것을 잊을 수 있어요. 아바타는 자유와 즐거움을 주지만, 온라인에서 대화하고 놀 때에도 항상 친절하고 책임감 있게 행동해야 해요.

Career Snapshot

VR 개발자는 사람들이 특수 헤드셋이나 기기를 이용해 탐험할 수 있는 가상 세계와 경험을 만드는 사람이에요. 먼저 아이디어를 내고, 3D 환경을 설계한 뒤 컴퓨터 프로그램을 사용해 열린 공간을 구축하죠. 보통 아티스트나 디자이너 등 팀원들과 함께 협업해서 가상 세계가 멋지게 보이도록 하고, 재미있고 유용하게 사용할 수 있게 신경 써요. 모든 요소가 어떻게 작동할지 코드를 짜고, 소리나 애니메이션도 추가하며, 테스트를 거쳐 버그를 고치기도 합니다. 이런 작업은 게임, 교육, 직업 훈련, 심지어 의료 분야에서도 활용될 수 있어요. VR 개발자는 몰입감 있는 경험을 만들며 사람들이 새로운 방식으로 배우고, 놀고, 문제를 해결하는 데 도움을 주죠.

Bluetooth
바이킹 왕 이름이 무선 기술로?

우리는 하루에도 몇 번씩 블루투스를 사용합니다. 스마트폰과 이어폰을 연결하거나, 노트북과 무선 마우스를 사용할 때, 자동차에서 음악을 틀거나 내비게이션을 켤 때도 블루투스가 조용히 작동하고 있습니다. 심지어 냉장고, 체중계, 전자 칫솔 같은 생활 가전도 블루투스로 연결하여 사용하기도 합니다. '선을 연결하지 않고도 서로 통신할 수 있다'라는 블루투스 기술은 우리 일상의 곳곳에서 생활의 편리를 주는 유용한 기술입니다.

Bluetooth라는 이름은 10세기 덴마크의 왕, 하랄드 블루투스의 별명에서 유래했습니다. 하랄드 왕은 덴마크와 노르웨이에 흩어져 있던 여러 부족을 하나의 왕국으로 통합한 인물입니다. 그가 어떤 방식으로 여러 부족의 통합을 이뤄냈는지 정확히 기록되어 있지 않지만, 전쟁보다는 협상과 대화를 통해 민족 간의 충돌을 줄이고 나라를 하나로 묶었다고 전해집니다.

1990년대 중반, 다양한 IT 기업들이 각자 무선 기술을 개발하기 시작했습니다. 노키아, 인텔, IBM 같은 글로벌 IT 기업들이 각자의 방식으로

 AI시대, 10대를 위한 디지털 트렌드 영단어 교양

데이터를 무선으로 주고받는 기술을 실험하고 있었습니다. 문제는 이 기술들이 서로 호환되지 않는다는 점이었어요. 이어폰은 특정 휴대전화에서만 작동하고, 어떤 무선 마우스는 다른 브랜드의 컴퓨터에서는 연결되지 않았습니다. 기기마다 기준이 다르다 보니 소비자 입장에서는 불편했고 제조사들 사이에서도 충돌이 생기기 시작했죠. 그때 인텔(Intel)의 기술자였던 짐 카다치가 이런 제안을 합니다.

"우리도 하나의 통일된 표준을 만들자. 하랄드 블루투스 왕이 서로 다른 부족을 하나로 통일했던 것처럼, 서로 다른 회사의 기기들도 하나의 연결 방식으로 묶을 수 있다면 얼마나 좋을까?"

이 제안은 여러 기업의 동의를 얻어, 실제로 공통 무선 통신 표준을 만들자는 움직임으로 이어집니다. 그리고 그 이름으로 Bluetooth가 선택됩니다. 그 어떤 기술 용어보다도 '연결'의 의미를 상징적으로 잘 담고 있었기 때문입니다. 기기와 기기를 연결하는 블루투스 기술이 천 년 전 사람과 사람, 부족과 부족을 하나로 모았던 왕의 이름에서 비롯되었다는 사실, 흥미롭지 않나요?

970년~985/986년 사이에
덴마크를 지배했던 하랄드 블루투스(블라톤)왕.

블루투스는 무선 주파수를 이용해 데이터를 주고받는 통신 방식입니다. 블루투스는 상대적으로 짧은 거리에서 소량의 데이터를 주고받을 때 가장 효율적입니다. 그래서 이어폰, 마우스, 키보드처럼 가까이 있는 기기끼리 연결할 때 주로 사용되지요. 작동 방식도 생각보다 간단합니다. 하나의 기기가 신호를 보내면, 주변에 있는 다른 기기가 이를 감지하고, 두 기기가 서로를 페어링(pairing)합니다. 이후 두 기기 사이에는 '보이지 않는 다리'가 놓이고, 그 위로 음악, 명령, 사진 등의 정보가 오갑니다. 페어링은 한 번만 해두면, 다음부터는 자동으로 연결되니 사용자에게는 아주 편리한 기술입니다.

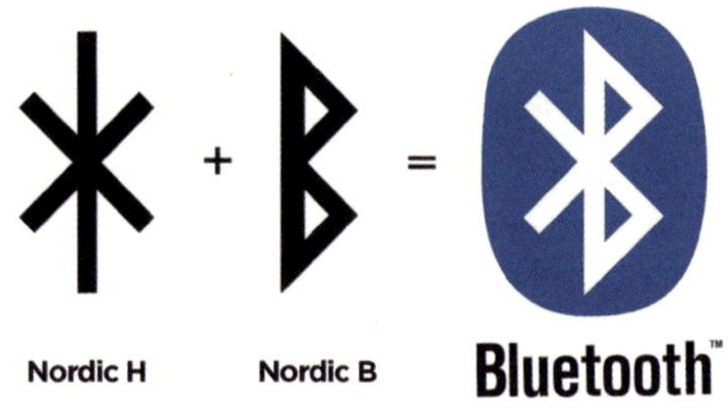

다음으로 블루투스 로고를 살펴볼까요? 이 로고는 북유럽 고대 스칸디나비아 룬 문자 두 개를 겹쳐서 만들었어요. 바로 ✳와 ▸입니다. 이 두 문자는 각각 하랄드 블루투스(Harald Bluetooth)의 첫 글자(H와 B)를 나타냅니다.

블루투스는 분명 우리의 삶을 더 편리하게 만들었습니다. 이어폰 줄에 걸려 넘어진다거나, 프린터 연결선 때문에 짜증 낼 일은 이제 거의 없습니다. 기기들끼리 알아서 연결되고, 한 번만 설정하면 다음부터는 '척하면 척'입니다.

하지만 모든 기술에는 그림자가 있습니다. 블루투스를 항상 켜두는 습관은 보안의 구멍이 될 수 있습니다. 공공장소에서 해커가 블루투스 신호를 가로채거나, 악성 소프트웨어를 심는 일이 실제로 벌어집니다. 블루스나핑(bluesnarfing)은 블루투스의 취약점을 이용해 전화번호부, 일정, 메시지 등 데이터를 무단으로 읽거나 복제하는 해킹 방식입니다. 무심코 블루투스로 연결된 음악을 듣던 이어폰 때문에, 내 스마트폰의 사진이나 연락처, 메시지까지 외부에 노출될 수 있다는 말이지요.

2020년 미국 라스베이거스에서 열린 세계적인 해킹 콘퍼런스 데프콘(DEFCON)에서는 해커들이 불특정 다수의 스마트폰을 블루투스로 탐색하고, 무단으로 기기 이름을 변경하거나 데이터를 송수신하는 데 성공했다는 발표가 있었습니다. 이 외에도 블루투스 보안망의 사각지대를 뚫고 정보를 해킹하는 사례들이 계속해서 발생하고 있습니다.

그렇다면 어떻게 해야 블루투스를 사용하면서도 내 정보를 안전하게 지킬 수 있을까요?

첫째, 블루투스는 사용하지 않을 때는 반드시 꺼두는 습관을 들이는 것이 좋습니다. 특히 지하철, 카페, 공연장처럼 사람이 많은 공공장소에서는 항상 조심해야 합니다.

둘째, '자동 페어링' 기능은 꺼두고, 블루투스를 통해 연결할 수 있는 기기를 직접 고르고 확인하는 방식으로 설정하는 것이 더 안전합니다.

셋째, 의심스러운 기기나 알 수 없는 이름이 연결 목록에 뜬다면 바로 삭제하고, 정기적으로 기기 내 보안 설정이나 블루투스 목록을 확인하는 것도 좋은 습관입니다.

Bluetooth is a short-range wireless way to connect devices like earphones and keyboards. When two devices pair, they make an invisible link and share music or photos. But leaving Bluetooth on in public can let hackers sneak in. To stay safe, turn Bluetooth off when you're not using it, choose which devices to pair instead of auto-pairing, and delete any strange devices from your list.

wireless : 무선의   **pair** : 연결하다   **sneak in** : 침입하다   **delete** : 삭제하다

여러분은 블루투스를 어떤 기기에 주로 사용하나요? 무선 이어폰, 키보드, 프린터, 친구와 사진 공유 등 자주 연결하는 기기를 떠올려 보세요. 그 기기를 연결할 때, 한 번쯤 자동으로 연결돼서 당황하거나 친구 기기랑 잘못 연결된 일 같은 경험이 있었나요?

1. pair (v.)

- **유사어** connect, link, match
- **뜻** 두 기기를 무선으로 연결하다
- **예문** Pair your smartphone with the speaker to play music wirelessly.
  (스마트폰을 스피커와 페어링하여 무선으로 음악을 재생하세요.)
- **활용** ✓ pair devices – 기기를 연결하다 ✓ pair with – ~와 페어링하다

2. signal (n.)

- **유사어** transmission, wave, broadcast
- **뜻** 정보를 전달하는 전파나 신호
- **예문** The Bluetooth signal is strong enough to connect across the room.
  (블루투스 신호가 방 건너편까지 연결될 만큼 충분히 강하다.)
- **활용** ✓ send a signal – 신호를 보내다 ✓ lose signal – 신호가 끊기다
  ✓ signal strength – 신호 세기

3. range (n.)

- **유사어** distance, coverage, span
- **뜻** 신호가 닿을 수 있는 거리
- **예문** Bluetooth devices usually work within a range of about 10 meters.
  (블루투스 기기는 보통 약 10미터 범위에서 작동한다.)
- **활용** ✓ within range – 범위 안에서 ✓ out of range – 범위 밖에서

4. device (n.)

- **유사어** gadget, equipment, appliance
- **뜻** 전자기기나 도구
- **예문** Always check which devices are paired with your Bluetooth.
  (블루투스에 페어링 된 기기가 무엇인지 항상 확인하세요.)
- **활용** ✓ connect a device – 기기를 연결하다 ✓ remove a device – 기기를 삭제하다

5. permission (n.)

- **유사어** consent, approval
- **뜻** 허락
- **예문** Always check what permissions an app asks for before letting it use Bluetooth.
  (앱이 블루투스를 허용하기 전에 어떤 권한을 요청하는지 항상 확인하세요.)
- **활용** ✓ give permission – 허락하다 ✓ ask for permission – 허락을 요청하다

IoT Developer

사물인터넷 개발자

An IoT(Internet of Things) developer is someone who creates smart devices that can connect to the internet and talk to each other, like smart home gadgets or wearable health trackers. They work on both the hardware and software: choosing and putting together parts like sensors and controllers, and writing simple programs to make the devices work. IoT developers also make sure these devices can send and receive data safely, often using special communication methods like Wi-Fi or Bluetooth. They check if everything works well, fix problems, and sometimes build systems to collect and show the data from these devices. Their work helps make everyday life more convenient, efficient, and connected.

🎙️ **처음으로 성공했던 IoT 프로젝트 경험이 있나요?**

😀 고등학생 때 교실 창문 열림 여부를 원격으로 알려주는 센서를 만들어 봤어요. 아두이노에 자성 센서를 연결하고, 트위터 앱를 이용해 창문이 열리면 알람을 보내도록 했죠. 실제로 선생님이 창문을 열 때마다 알람이 오자 친구들이 "진짜 신기하다!"라며 호응했어요. 그때의 성취감이 아직도 생생하네요.

🎙️ **청소년이 IoT 개발을 독학할 때, 당장 시작할 수 있는 실천법은 무엇인가요?**

😀 먼저 아두이노 스타터 키트를 구매해 LED, 버튼, 센서 간단 회로부터 연결해 보세요. 다음으로 유튜브 등 온라인 무료 강의로 IoT 기초 지식을 쌓고, 짧은 실습을 따라 해보시면 좋아요. 또 학교나 지역에서 열리는 워크숍에 참여해 전문가 도움을 받으면 실습 중 생기는 궁금증을 바로 해결할 수 있고, 다양한 참가자들과의 네트워킹을 통해 아이디어를 공유하며 프로젝트 완성도를 한 층 높일 수 있습니다.

🎙️ **앞으로 IoT 분야에서 주목해야 할 기술 트렌드는 무엇인가요?**

😀 앞으로 다음 세 가지 흐름을 눈여겨보세요. 이 기술들이 결합하면, 단순 원격 제어를 넘어 기기가 스스로 학습하고 최적화하는 진짜 스마트 장치 시대가 도래할 겁니다!

- 저전력 광역 통신(LPWAN) – 배터리 수명이 몇 년으로 늘어나는 초저전력 네트워크
- 에지 컴퓨팅(Edge Computing) – 데이터를 중앙 서버가 아닌 기기 근처에서 빠르게 처리해 응답 속도를 높이는 구조
- AI 융합 IoT – 센서 데이터를 AI가 바로 분석해 스마트 팩토리, 스마트 시티, 헬스케어 등 다양한 분야에서 자율 대응

한문단 영어

블루투스는 이어폰이나 키보드 같은 기기들을 가까운 거리에서 무선으로 연결하는 방법이에요. 두 기기가 페어링 되면 보이지 않는 다리가 생겨서 음악이나 사진을 주고받을 수 있어요. 하지만 공공장소에서 블루투스를 켜 두면 해커가 침입할 수 있어요. 안전하게 사용하려면, 사용하지 않을 때는 블루투스를 꺼 두고, 자동 페어링 대신 연결할 기기를 직접 선택하며, 낯선 기기는 목록에서 삭제하세요.

Career Snapshot

IoT 개발자는 스마트 홈 가젯이나 웨어러블 건강 추적시스템처럼 인터넷 연결로 서로 소통할 수 있는 스마트 기기를 만드는 사람이에요. 하드웨어와 소프트웨어를 모두 다루는데, 센서나 컨트롤러 같은 부품을 골라 조립하고, 기기가 잘 작동하도록 간단한 프로그램을 작성하죠. IoT 개발자는 이런 기기들이 Wi-Fi나 블루투스 같은 통신 방식을 이용해 데이터를 안전하게 주고받을 수 있도록도 신경 써요. 모든 기능이 제대로 작동하는지 확인하고 문제를 고치며, 때로는 기기에서 수집된 데이터를 모아서 보여주는 시스템을 만들기도 합니다. IoT 개발자의 업무는 일상생활을 더욱 편리하고 효율적이며 연결되게 만드는 데 기여합니다.

Bluetooth
디지털 용어의 비밀

☑ 알렉사의 유래가 고대 도서관에서?

인터넷 플랫폼 기업 아마존의 음성 인식 AI 알렉사(Alexa)는 스마트홈 시대를 대표하는 가상 비서입니다. 알렉사라는 이름의 배경에는 고대의 알렉산드리아 도서관(Library of Alexandria)이 있어요. 기원전 3세기, 이집트 알렉산드리아에 세워진 이 도서관은 수천 권의 문서와 기록이 보관된 지식의 상징이었습니다. 아마존은 이에 영감을 받아 알렉사를 말만 하면 지식이 흘러나오는 도서관 같은 기계로 설계했어요. 참고로 A로 시작하고 중간에 X가 들어가는 단어는 AI 스피커가 인식하기 좋은 발음 구조라고 해요.

☑ 데이터를 점치는 이름, 오라클

오라클(Oracle)은 1977년 설립된 미국의 대표적인 소프트웨어 기업으로, 전 세계에서 가장 널리 사용되는 데이터베이스 관리 시스템(DBMS)을 개발한 회사예요. 특히 대용량 데이터 처리, 보안, 클라우드 인프라 분야에서 지금도 막강한 영향력을 가진 글로벌 IT 기업입니다. 오라클이라는 이름은 고대 그리스의 신탁에서 유래했어요. 사람들은 인생의 중요한 갈림길마다 델포이 신전 같은 곳으로 가서 신의 뜻을 묻고 미래를 점쳤지요. 이에 영감을 받아 초기 시스템 기술자들은 '신탁처럼 데이터를 해석해 주는 시스템'을 꿈꾸며 오라클이라는 이름을 지었다고 해요.

Hoodie
자유를 위한 투쟁

겨울이면 누구나 한 벌쯤 꺼내 입는 옷이 있지요. 바로 머리에 모자가 달린 두툼한 스웨트셔츠, 후드티(hoodie)입니다. 추운 날씨에 제격인 후드티는 목도리나 모자가 없어도 머리까지 따뜻하게 감싸주고, 길게 늘어진 소매 속으로 손을 쏙 넣을 수도 있어서 편안하고 실용적인 패션 아이템입니다. 넉넉한 앞주머니는 스마트폰, 이어폰, 작은 간식까지 간단한 소지품을 넣기에도 실용적이지요.

Hood라는 단어는 고대 영어 hōd에서 유래한 말로, '머리를 덮는 천 조각', 즉 두건이나 모자 형태의 덮개를 뜻합니다. 후드티는 초기 형태는 중세 유럽 수도사의 복장에서 발견할 수 있습니다. 중세 유럽의 수도사

들은 수도 생활에 집중하고 외부의 시선을 피하기 위해, 머리와 어깨를 완전히 덮을 수 있는 긴 로브를 입었어요. 이 로브의 윗부분에 달린 것이 바로 후드였

1930년대 미국의 스포츠 브랜드 '챔피언'이라는 회사는 추운 창고에서 일하던 노동자들을 위해 스웨트셔츠에 후드를 달아 **방한 기능**을 강화한 **작업복**을 출시했습니다. 후드티는 많은 사람들에게 실용적이고 편안한 디자인 장점을 인정받았어요. 이후 군인들의 유니폼, 운동선수들의 체육복 등에도 후드티가 널리 쓰이게 되었습니다.

1970년대에 들어서며 후드티는 미국 대학 캠퍼스에서 소속감을 표현하는 상징이 되었습니다. 대학 이름이나 로고가 크게 박힌 후드티는 '나는 이 학교의 학생이다'라는 자부심을 드러내는 옷이었어요. 동시에 후드티는 **젊은 세대**의 자유롭고 편안한 감성을 담은 패션 아이템으로 자리 잡게 되었습니다.

이후 후드티는 **힙합**과 **스트리트 문화**를 대표하는 상징이 되었어요. 1980년대 미국에서 그래피티* 예술가와 래퍼들이 후드티를 입고 등장했어요. 이들은 자신의 정체성을 자유롭게 표현하면서도, 필요할 땐 얼굴을 반쯤 가리기 위해 후드티를 입었습니다. 그래피티 예술가들은 허락받지 않는 공공장소에서 밤에 몰래 벽화를 그리며 개성과 예술성을 표현했습니다. 거리공연을 하던 래퍼들의 음악이었던 힙합도 억압과 차별

그래피티(Graffiti) : 벽이나 공공장소에 그림, 글자, 기호 등을 스프레이 페인트나 마커 등으로 표현한 거리 예술을 말합니다. 고대 로마 유적이나 벽에서도 누군가 남긴 낙서를 볼 수 있었을 만큼, 사람이 벽에 무언가를 남기는 행위는 인류의 오래된 문화입니다.

속에서 자신을 표현하는 방식이었어요. 이들은 자신의 신분을 드러내지 않고 익명성을 지켜줄 수 있는 옷이 필요했습니다. 후드티는 이들의 예술 표현과 안전 욕구를 동시에 충족시키는 방패로서 중요한 의미를 갖게 되었답니다.

후드티는 인종차별, 편견, 사회적 불신을 둘러싼 논쟁의 중심에 서기도 했습니다. 2012년, 미국 플로리다주에서 17세 흑인 소년 트레이본 마틴이 후드티를 입고 낯선 동네를 걷다가, 총에 맞아 숨지는 사건이 발생했어요. 트레이본은 가족 집을 방문한 후 편의점에 가던 길이었고, 주머니에는 캔 음료와 과자밖에 없었습니다. 이 사건은 미국 사회에 큰 충격을 주었고, 특히 후드티를 입은 흑인 청소년이 쉽게 범죄자로 오해받을 수 있다는 현실을 보여주었습니다.

당시 미국 사회는 인종, 계급, 복장, 편견이라는 민감한 문제로 사회적 갈등과 긴장감이 고조되고 있었어요. 이 사건은 그 모든 갈등의 중심에 서게 되었습니다. 뉴욕과 워싱턴에서는 수많은 시민과 유명 인사들이 'I am Trayvon Martin'이라는 문구가 적힌 티셔츠와 후드티를 입고 거리로 나와 항의 집회

를 열었습니다. 사람들은 '내가 트레이본 마틴일 수도 있다'라는 공감과 분노를 표출했습니다. 사람들은 거리에서 후드를 눌러쓰고 행진하며 당시 미국 사회에 만연한 사회적 편견에 강력히 항의했습니다. SNS에서도 #IamTrayvonMartin이라는 해시태그가 퍼졌고, 이 문장은 차별에 맞서는 저항과 연대를 상징하는 구호가 되었습니다.

　In the 1930s, a sports brand added hoods to sweatshirts for workers and athletes. By the 1970s, students wore hoodies with school logos to show pride, and in the 1980s, hip-hop artists used them for style and a bit of mystery. Sadly, in 2012, Trayvon Martin, a Black teenager, was shot for simply wearing a hoodie. Today, hoodies remind us of comfort, creativity, and the need to treat everyone fairly.

pride : 자부심　　comfort : 편안함　　fairly : 공평하게

누군가가 여러분을 '입은 옷'만 보고 판단하거나 오해한 경험이 있나요? 그때 어떤 기분이 들었나요?

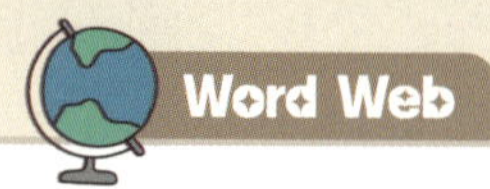

1. protest (n./v.)

- **유사어** demonstration, rally, march
- **뜻** 항의/항의하다, 시위/시위하다
- **예문** The hoodie became a symbol during protests for justice.
  (그 후디는 정의를 위한 시위에서 상징이 되었다.)
- **활용** ✓ join a protest – 시위에 참여하다 ✓ protest movement – 시위운동

2. symbol (n.)

- **유사어** sign, emblem, icon
- **뜻** 상징
- **예문** Cherry blossoms are a cultural symbol in Japan.
  (벚꽃은 일본의 문화석 상싱이다.)
- **활용** ✓ symbol of - ...의 상징 ✓ become a symbol - 상징이 되다

3. comfort (n.)

- **유사어** coziness, ease, relaxation
- **뜻** 편안함
- **예문** Hoodies are popular because they offer warmth and comfort.
  (후디는 따뜻함과 편안함을 제공하기 때문에 인기가 있다.)
- **활용** ✓ feel comfort – 편안함을 느끼다

4. equality (n.)

- **유사어** fairness, justice
- **뜻** 평등
- **예문** The constitution guarantees equality for all citizens under the law.
  (헌법은 모든 시민이 법 앞에 평등할 권리를 보장한다.)
- **활용** ✓ equality movement – 평등 운동 ✓ promote equality – 평등을 촉진하다

5. pride (n.)

- **유사어** self-respect, dignity, honor
- **뜻** 자부심
- **예문** Taking pride in your work leads to better results.
  (자기 일에 자부심을 가지면 더 좋은 결과가 나온다.)
- **활용** ✓ show pride – 자부심을 나타내다

Fashion brand manager

패션 브랜드 매니저

A fashion brand manager is responsible for shaping and maintaining the identity of a fashion brand, making sure it stands out and appeals to its target audience. They plan and carry out marketing campaigns, work with designers and creative teams to create a consistent brand image, and oversee product launches, photo shoots, and events. Fashion brand managers study market trends, analyze what customers want, and keep an eye on competitors to help the brand stay relevant and successful. They also manage budgets, build relationships with media and influencers, and check how well their branding strategies are working. Their efforts help the brand grow, stay popular, and connect with customers in meaningful ways.

🎙️ **브랜드 콘셉트를 소비자가 공감하도록 만드는 비법이 있다면요?**

🗣️ '스토리텔링'이 핵심이에요. 예를 들어 신제품 출시라면, 브랜드 탄생 배경이나 제품 속 숨은 의미를 짧은 영상이나 카드뉴스로 만들어요. 소비자가 제품 자체가 아닌 '이야기'에 먼저 마음을 열면 자연스럽게 브랜드에 애착을 갖게 됩니다.

🎙️ **브랜드 전략을 수정해야 할 때, 어떤 데이터를 가장 중점적으로 보나요?**

🗣️ 구매 전환율과 재구매율을 가장 먼저 살펴요. 구매 전환율은 '웹사이트나 앱을 방문한 사람 중 실제로 상품을 구매한 사람 비율'을 뜻해요. 노출이나 클릭 수보다 '실제로 브랜드를 사랑하고 돌아오는 고객'의 지표가 브랜드에 대한 고객의 신뢰를 보여주거든요.

🎙️ **패션 브랜드 매니저로서 가장 도전적인 순간은 언제였나요?**

🗣️ 한 번은 신제품 출시 직전 주요 공급업체의 물류 차질이 발생해 재고가 크게 부족했던 적이 있어요. 그때는 소비자와의 약속을 지키기 위해 대체 소재를 급히 섭외하고, 사전 예약 판매 시스템을 도입하는 등 즉각적인 전략을 구사해야 했죠.

🎙️ **앞으로 5년 후 이 분야에서 주목할 만한 변화나 트렌드는 무엇일까요?**

🗣️ 지속 가능성과 기술의 결합이 더욱 강화될 거예요. 예를 들어 블록체인 기반 진품 인증 제공, AI로 개인 맞춤형 스타일링 제안 같은 혁신적인 서비스가 브랜드 경험의 핵심이 될 겁니다. 청소년일 때부터 이런 기술과 지속 가능성 이슈에 관심을 둔다면 큰 강점이 될 거예요.

 한문단 영어

1930년대에는 노동자와 운동선수를 위해 스웨트셔츠에 후드를 단 옷이 나왔고, 1970년대 대학생들은 학교 로고가 박힌 후드티로 소속감을 나타냈어요. 1980년대에는 힙합 예술가들이 스타일과 신비감을 위해 후드티를 즐겨 입었지요. 2012년에는 단지 후드티를 입었다는 이유로 흑인 소년 트레이본 마틴이 총에 맞아 목숨을 잃는 사건이 있었어요. 오늘날 후드티는 편안함과 창의성을 상징하며, 모두를 공정하게 대해야 한다는 메시지를 전해요.

Career Snapshot

패션 브랜드 매니저는 꾸준한 관리를 통해 브랜드의 정체성을 만들고, 목표 고객에게 브랜드가 매력적으로 다가가게 하는 역할을 해요. 마케팅 캠페인을 기획하고 실행하며, 디자이너나 크리에이티브 팀과 협업해 일관된 제품 인지도를 만들어 나가죠. 신제품 출시, 화보 촬영, 이벤트 등을 총괄하며 브랜드를 소개하고 홍보하는 일도 담당해요. 시장 트렌드를 분석하고 고객이 원하는 바를 파악하며, 경쟁사 움직임도 살펴 브랜드가 늘 트렌디하고 성공적으로 자리 잡을 수 있도록 돕습니다. 또 예산을 관리하고, 미디어나 인플루언서와 관계를 맺으며, 인지도 확보 전략이 얼마나 효과적인지 점검하기도 해요. 이런 모든 노력을 통해 브랜드는 성장하고 인기를 유지하며, 고객과 의미 있는 방식으로 소통할 수 있답니다.

Spam
디지털 스팸에서 나를 지키는 법

이메일을 열어보다가 이런 경험을 해본 적 있을 거예요. '광고성 메일이 너무 많아!, 이건 왜 자꾸 오지? 스팸 처리 해야겠다!' 우리는 이처럼 원치 않는 광고나 알림 메시지를 스팸(spam)이라고 불러요.

SPAM은 미국의 한 식품회사가 출시한 통조림 브랜드명입니다. 이 통조림은 냉장이 필요 없고 오래 보관 가능하다는 특징 덕분에, 제2차 세계대전 당시 군인들의 전투 식량으로 널리 사용되었어요. 통조림의 이름인 Spam은 Spiced Ham(양념한 햄)의 축약어입니다.

통조림 햄이 어쩌다가 '원치 않는 정보'를 뜻하는 현대의 의미를 갖게 된 걸까요? 이야기는 1970년 영국 BBC 코미디프로그램의 한 에피소드에서 비롯되었습니다. 다음은 그 인기 개그 코너의 한 장면입니다.

한 커플이 식당에 들어와 메뉴를 고르려 하지만 종업원은 모든 요리에 스팸이 들어간다고 반복해서 말합니다. "달걀과 베이컨에는 스팸이 들어가요. 소시지와 스팸, 스팸과 베이컨, 스팸과 소시지와 스팸, 스팸, 스팸...." 또 갑자기 바이킹 복장을 한 사람들이 등장하며 "스팸, 스팸, 스팸~!"이라고 노래를 부릅니다. 이 코미디는 반복적인 단어 사용과 과장된 상황을 통해 큰 웃음을 유발했지요.

　제2차 세계대전을 겪으며 당시 영국에서 스팸의 소비는 급격히 늘어난 시기였어요. 전쟁 기간에 미국은 영국에 대량의 스팸 통조림을 공급하였고, 스팸은 영국 서민의 식탁에 자주 등장하는 단골 식재료가 되었어요. 전쟁이 끝난 후에도 식량 배급제도*가 유지되면서 스팸은 여전히 영국의 주요 식품으로 자리 잡았고, 이에 따라 일부 사람들은 스팸에 대한 피로감을 느끼기도 했습니다.

　이러한 대중의 심리를 파고든 코미디프로그램이 인기를 끌면서 이후 스팸이라는 단어는 원래의 통조림 제품이라는 뜻을 넘어서, 반복적이고 원치 않는 메시지를 의미하는 용어로 사용되기 시작합니다. 특히 인터넷과 이메일이 보편화되면서, 사용자들은 원치 않는 광고나 메시지를 '스팸 메일'이라고 부르게 된 것이죠.

식량 배급제도 : 식량이 부족할 때, 나라나 정부가 모든 사람에게 최소한의 식량을 공평하게 나눠주는 제도입니다. 전쟁, 가뭄, 경제 위기처럼 식량을 자유롭게 구할 수 없을 때 효과적입니다. 예를 들어 2차 세계대전 중 영국과 독일에서는 주민들에게 설탕, 밀가루, 고기, 우유 등을 배급표를 통해 정해진 양만큼 분배하여 국민의 생활을 도왔습니다.

　SNS 속 허위 정보, 댓글 속 혐오 발언, 반복되는 영상 콘텐츠, 자극적이고 선정적인 기사와 뉴스거리 등 모든 것이 광범위하게는 '디지털 스팸'이 될 수 있습니다. 무서운 점은 이런 정보에 자주 노출되면 우리도 인식하지 못하는 사이에 우리의 생각과 태도가 영향을 받게 된다는 점입니다. 유해 정보에 반복적으로 오래 노출되면, 판단력이 흐려지며 비판적으로 사고하는 능력이 줄어듭니다. 특히 청소년 시기에는 세상을 넓게 보고 스스로 생각하는 힘을 기르는 것이 중요한데 디지털 스팸은 그 힘을 소리 없이 갉아먹고 있는지도 모릅니다.

　디지털 스팸은 실제로 우리의 일상과 안전에 심각한 영향을 미칠 수 있습니다. 특히 문자 결제 사기(Smishing)와 같은 수법은 사용자의 개인정보를 탈취하거나 금전적 피해를 주는 등 심각한 문제가 됩니다. 스미싱은 문자메시지(SMS)와 피싱(Phishing)의 합성어로, 신뢰할 수 있는 기관이나 지인으로 속여 악성 링크를 포함한 메시지를 보내 사용자의 개인정보를 탈취하는 수법입니다.

Phishing이라는 단어도 재미있는 어원을 가지고 있어요. 이 단어는 낚시(fishing)에서 파생된 것으로, 사람들을 속여 정보를 '낚아채는' 디지털 범죄 수법을 비유적으로 표현한 말입니다. 낚시에서 미끼를 던지면 물고기가 그 미끼를 진짜 먹이인 줄 알고 덥석 물 듯, 피싱은 이메일이나 웹사이트, 문자메시지 등에 가짜 링크나 메시지를 미끼로 던져, 사람들이 실수로 클릭하거나 자신의 개인정보를 직접 입력하게 유도하는 것이죠.

사용자가 무심코 링크를 클릭하면 가짜 사이트에 접속하게 되고, 이름과 주소, 심지어 계좌번호 같은 민감한 정보를 입력하게 됩니다. 이런 과정을 통해 누군가는 여러분의 휴대전화 안에 있는 사진, 연락처, 문자 기록까지 고스란히 훔쳐 갈 수 있습니다. 어떤 경우에는 악성 앱이 몰래 설치돼 휴대전화가 해킹되는 일도 벌어지고, 신용카드를 도용하여 실제 결제가 이뤄진 사례도 있습니다.

스팸 메시지는 겉보기엔 매우 자연스럽고, 진짜처럼 보여서 더욱 속기 쉽다는 점이 문제입니다. 익숙한 회사 로고, 공손한 말투, 심지어 링크 주소도 실제 사이트와 아주 비슷하게 만들어서 한눈에 알아차리기 어렵죠. 조금이라도 이상하다고 느껴지면 절대 링크를 클릭하지 않고, 공식 앱이나 홈페이지를 직접 검색해서 접속하는 습관을 들여야 합니다. 또한 알 수 없는 번호로 온 메시지는 부모님이나 선생님, 신뢰할 수 있는 어른과 함께 확인해 보는 것이 안전합니다.

Digital spam means **fake** posts, hate comments, and annoying repeated videos online. Seeing too much spam can make it hard to think clearly and can **trick** you into believing lies. One risky trick is smishing: a fake text that has a bad link to steal your **private information**. If you click it, someone could get your name, address, or photos without you knowing. To stay safe, never click on **unknown** links by yourself and always ask a parent or teacher before opening messages from strangers.

fake : 가짜의   trick : 속이다   private information : 개인정보   unknown : 알 수 없는

여러분이 최근에 본 콘텐츠 중, 지금 생각해 보면 '스팸'처럼 느껴지는 건 무엇이었나요? 왜 그 콘텐츠가 그렇게 느껴졌나요?

1. filter (n./v.)

유사어 screen, block, sort

뜻 (n.) 원하지 않는 메시지나 정보를 걸러내는 장치나 소프트웨어 (v.) 정보를 걸러내다

예문 Spam filters help keep unwanted emails out of your inbox.
(스팸 필터는 원치 않는 이메일이 받은 편지함에 들어오지 않도록 도와준다.)

활용 ✓ set a filter – 필터를 설정하다 ✓ filter out – 걸러내다

2. unsubscribe (v.)

유사어 remove, cancel

뜻 신청을 취소하다

예문 If you get too many ads, unsubscribe from unwanted emails.
(광고가 너무 많이 온다면, 원치 않는 이메일을 수신 거부하자.)

활용 ✓ unsubscribe from emails – 이메일 구독을 취소하다

3. report (n./v.)

유사어 notify, inform, alert

뜻 보고/보고하다, 알리다

예문 Please report any technical issues to the IT department.
(기술적인 문제가 있으면 IT 부서에 알려 주세요.)

활용 ✓ report spam – 스팸을 신고하다

4. firewall (n.)

유사어 security barrier, filter, protection system

뜻 바이러스가 내 컴퓨터로 들어오는 것을 막아주는 보안 장치나 프로그램

예문 A strong firewall can help block spam and harmful websites.
(강력한 방화벽은 스팸과 위험한 웹사이트를 막는 데 도움이 된다.)

활용 ✓ install a firewall – 방화벽을 설치하다

5. scam (n.)

유사어 fraud, trick, swindle

뜻 속여서 돈이나 정보를 빼앗으려는 나쁜 행동이나 사기

예문 Many spam messages are actually scams trying to steal your money.
(많은 스팸 메시지는 실제로 당신의 돈을 빼앗으려는 사기다.)

활용 ✓ fall for a scam – 사기에 속다

Cybersecurity Specialist

사이버 보안 전문가

A cybersecurity specialist protects an organization's computer systems, networks, and data from cyberattacks, unauthorized access, and other digital threats. They monitor for unusual activity, set up and manage security tools like firewalls and antivirus programs, and regularly check systems for weaknesses or bugs. When a threat or attack happens, they act quickly to stop it and fix any problems, then work to prevent it from happening again. Cybersecurity specialists also help create security rules, train employees to avoid risks like phishing, and make sure the company follows laws and standards for data protection. They play a key role in keeping important information safe and maintaining trust in digital systems.

🎙️ **하루 일과는 어떻게 흘러가나요?**

🗨️ 출근하자마자 보안 대시보드에서 '이상 징후'를 확인해요. 오전에는 로그 데이터를 분석하며 비정상 로그인이나 트래픽 패턴을 점검하고, 보안 도구를 업데이트하고, 패치 테스트를 진행하죠. 또 보안 교육 자료를 준비하거나, 실제 모의 해킹계획을 세우며 하루를 마무리합니다.

🎙️ **가장 기억에 남는 보안 사고 경험이 있나요?**

🗨️ 한 번은 내부 직원이 피싱 이메일을 클릭해 랜섬웨어가 퍼진 적이 있어요. 초기 대응 키트로 격리 서버를 띄우고, 백업에서 데이터를 복원하는 과정을 실시간으로 지휘했는데, 긴박했던 당시 상황과 팀워크가 아직도 생생해요. 덕분에 '사전 준비와 훈련의 중요성'을 절감했습니다.

🎙️ **실제로 보안 사고를 예방하려면 어떤 습관을 지녀야 하나요?**

🗨️ 정기적으로 비밀번호를 변경하고, 이중 인증 절차를 설정하고, 출처가 불분명한 첨부파일이나 링크는 절대 클릭하지 않는 습관이 중요해요.

🎙️ **앞으로 보안 분야에서 주목해야 할 기술 트렌드는 무엇일까요?**

🗨️ 저는 크게 두 가지를 꼽고 싶습니다. 첫째, AI 기반 위협 탐지예요. AI가 네트워크와 시스템을 24시간 감시하면서 평소와 다른 이상 징후를 자동으로 찾아 알려주기 때문에, 사람이 놓치기 쉬운 공격도 빠르게 대응할 수 있습니다. 둘째, 클라우드 네이티브 보안 자동화입니다. 서비스가 클라우드 환경에서 돌아갈 때 보안 업데이트나 패치 적용을 사람이 직접 하지 않아도 자동으로 처리해 줍니다. 덕분에 보안 구멍이 생겨도 즉시 막을 수 있고, 관리 부담도 크게 줄일 수 있어요.

한문단 영어

디지털 스팸은 온라인의 가짜 게시물, 혐오 댓글, 그리고 귀찮은 반복 영상들을 의미해요. 스팸을 너무 많이 보면 생각이 흐려지고 거짓을 믿게 될 수 있어요. 위험한 속임수 중 하나는 문자 사기예요. 스미싱은 개인정보를 훔치기 위해 악성 링크가 담긴 가짜 문자 메시지예요. 만약 클릭하면 누군가 당신의 이름, 주소, 사진을 당신 모르게 가져갈 수 있어요. 안전을 위해 낯선 링크는 절대 혼자 클릭하지 밀고, 모르는 사람에게 온 메시지는 열기 전에 꼭 부모님이나 선생님께 물어보세요.

Career Snapshot

사이버 보안 전문가란 조직의 컴퓨터 시스템, 네트워크, 데이터를 사이버 공격이나 무단 접근 같은 디지털 위협으로부터 지키는 사람이에요. 이들은 이상 징후를 감시하고, 방화벽이나 안티바이러스 프로그램 같은 보안 도구를 설치·관리하며 시스템에 취약점이나 버그가 없는지 주기적으로 점검하죠. 위협이나 공격이 발생하면 신속하게 대응해 문제를 막고 복구한 뒤, 같은 일이 다시 발생하지 않도록 예방 조치를 마련해요. 또한, 보안 규칙을 만들고 직원들에게 피싱 같은 위험을 피하는 방법을 교육하고, 회사가 데이터 보호 관련 법규나 기준을 잘 지키고 있는지도 챙깁니다. 덕분에 중요한 정보가 안전하게 보호되고, 디지털 시스템에 대한 신뢰가 유지될 수 있어요.

Digital Literacy
디지털 문해력을 잡아라

☑ **디지털 시대, 꼭 알아야 할 6가지 리터러시**

1. 컴퓨터 리터러시: 컴퓨터나 스마트폰, 태블릿 같은 디지털 기기를 스스로 다룰 줄 알아야 해요. 또 기계가 어떻게 작동하는지 호기심을 갖고, 문제가 생겼을 때 스스로 해결하려는 태도를 갖춰야 해요.

2. 정보 리터러시: 내용을 비판적으로 바라보는 능력이 있으면 가짜 뉴스나 잘못된 정보에 속지 않고, 스스로 정확하고 유익한 정보를 찾아낼 수 있어요.

3. 미디어 리터러시: 미디어를 접할 때 "이건 누구의 입장일까?" "왜 이렇게 만들었을까?" 하고 한 걸음 떨어져서 생각해 보는 태도가 필요해요.

4. 시각 리터러시: 시각 리터러시는 이미지들을 바르게 해석하고, 표현할 수 있는 능력이에요. 예를 들어 어떤 사진이 어떤 구도나 색, 기법을 사용하여 메시지를 전달하는지 알아차리는 능력이에요.

5. 코드 리터러시: 코딩 언어를 이해하고 문제를 해결하는 논리적 사고력을 키워야 해요. 코드 리터러시가 있으면 게임을 만들거나, 로봇을 움직이거나, 직접 앱을 설계할 수도 있어요.

6. AI 리터러시: AI가 어떤 방식으로 작동하는지 알고, 책임감 있게 사용하는 태도를 길러야 해요. 기계에 끌려가지 않고 주도적으로 사용할 수 있는 능력을 길러야 해요.

Ketchup
문화의 전파

　햄버거를 먹을 때, 감자튀김을 찍어 먹을 때, 핫도그에 소스를 뿌릴 때 빠지지 않고 등장하는 빨간색 소스가 뭘까요? 네, 바로 케첩입니다. 우리가 익숙하게 즐겨 먹는 케첩은 미국 패스트푸드 문화의 상징과도 같지요. 1950년대 이후, 미국의 햄버거 프랜차이즈가 세계 곳곳으로 퍼지면서 바삭한 감자튀김과 곁들여 먹는 케첩은 '미국 음식 문화'의 대표 소스가 되었어요. 하지만 놀랍게도 영단어 Ketchup의 뿌리는 미국에서 멀리 떨어진 아시아, 중국 남부 해안 도시에서 찾을 수가 있어요.

　Ketchup이라는 단어는 17세기 중국 푸젠 지역의 해산물 발효 소스에서 시작되었어요. 푸젠은 중국 동남부 해안 지역으로, 오래전부터 바다를 통한 무역이 활발하게 이루어지던 곳입니다. 현지어로는 게첩(鮭汁), '절인 생선의 즙'이라는 뜻을 가진 이 소스는 주로 발효된 생선이나 조개를 소금에 절여 만들었어요. 진한 감칠맛이 일품이라 동남아 전역에서 사랑받았습니다. 발효된 생선에서 나오는 깊은 맛은 오늘날의 액젓이나 생선 소스처럼 음식의 풍미를 높여주는 데 쓰였어요. 이후 17~18세기 해상 무역을 주도하던 영국은 동양의 향신료와 조미료를 자국으로 들여오며 다양한 식문화를 탄생시켰어요. 그 과정에서 원래의 중국어 발음이 영어식으로 바뀌어 케첩이라는 단어가 새롭게 등장한 것이죠.

초기 유럽에서 케첩은 중국 현지의 제조 방식과 비슷하게 생선이나 버섯, 호두, 오이 등을 발효시켜 만든 소스였어요. 이때까지만 해도 케첩에는 토마토가 전혀 들어가지 않았고, 붉은색도 아니었습니다.

프랑스의 에스카비체(escaveche) 소스가 케첩의 어원이라는 설도 있다.

당시의 케첩은 짙은 갈색이나 검은색에 가까운 케첩의 색이었고, 지금처럼 달콤한 맛보다는 짭조름하고 짙은 풍미가 있었습니다.

19세기 초, 미국에서 토마토를 주재료로 사용한 달콤하고 붉은 케첩이 처음 등장했습니다. 특히 1876년 미국의 식품회사 하인즈(Heinz)가 케첩을 대량 생산하기 시작하면서 '붉고 달콤한 토마토케첩'은 전 세계인의 입맛을 사로잡았어요. 하인즈는 유리병에 담긴 위생적인 토마토케첩을 만들고, 공장식 대량 생산으로 가격도 낮출 수 있었습니다.

케첩은 중국의 발효식품에서 시작해 동남아 무역을 거쳐 유럽과 미국에서 새롭게 변모했어요. 비록 원래의 형태에서 재료도 바뀌고, 맛도 달라졌지만, 더 많은 사람의 입맛에 맞게 진화했습니다. 이 과정에는 무역, 산업화와 대량 생산, 세계화와 현지화 등 다양한 문화적 키워드가 녹아 있어요.

무역은 단순히 물건을 사고파는 일이 아니라 문화를 주고받고, 세계 각국의 언어와 다양한 맛이 교류하는 '다리' 역할을 합니다. 17~18세기 동아시아에서는 이미 다양한 식문화와 기술, 교육 제도가 높은 수준으로 자리 잡고 있었어요. 이러한 아시아 문명은 유럽에 큰 영향을 주었습니다. 케첩과 함께 차(tea), 간장(soy sauce), 두부(tofu), 계피(cinnamon), 후추(pepper) 같은 재료들이 이 시기에 실크로드*를 통해 유럽으로 건너가면서 서양의 식문화를 발전시켰습니다.

19세기에는 산업화가 본격적으로 시작되었어요. 기계의 등장, 도시화, 시장의 확대는 음식을 비롯한 수많은 재화를 더 빠르게 생신하고 더 저렴하게 공급하도록 도왔지요. 케첩도 예외는 아니었어요. 이전까지는 집에서 재료를 직접 다듬고 발효해 만들던 소스였지만, 케첩은 산업화의 흐름 속에서 공장의 대량 생산 시스템을 통해 미국 전역에 빠르게 유통되었어요. 같은 병, 같은 레시피, 같은 색깔로 표준화된 케첩은 이후 전 세계로 수출되었습니다.

그 결과 케첩은 '세계화'의 대표적 상징이 되었습니다. 많은 나라에서 햄버거와 감자튀김에는 케첩이 따라온다는 기준이 널리 퍼지게 되었어요. 세계화는 다양한 문화를 접할 기회를 넓혀주고, 지리적 경계를 허물며 문화를 환경에 맞게 변형시킵니다. 하지만 같은 케첩이라도 매운맛 케첩이 있는가 하면, 필리핀에서는 바나나 케첩이 유명한데 이를 '현지화'라고 합니다. 현지화는 현지의 입맛과 문화에 맞춰 고유한 개성을 살리는 방식으로, 서로 다른 문화가 공존하고 적응하며 조화를 이룰 수 있다는 가능성을 보여줍니다.

실크로드 : 동쪽의 중국과 서쪽의 유럽을 연결하는 길로, 중앙아시아와 중동을 거쳐 이어졌습니다. 이 길을 따라 비단과 향신료는 물론, 음식 재료, 조리법, 종교, 철학, 언어까지 수많은 문물이 서로 다른 문화권으로 전파되었습니다.

Ketchup started a long time ago in China. People made it from **fermented** foods and **spices**. **Traders** carried ketchup on big ships to Southeast Asia and then to Europe. In America, factories made ketchup in large bottles so everyone could buy it at stores. Today, we eat ketchup with fries and burgers in many countries. Some countries add new **flavors**, like spicy ketchup or sweet banana ketchup in the Philippines.

fermented : 발효된   spices : 향신료   traders : 상인들   flavors : 맛

여러분은 하나의 음식이나 단어가 원래와 전혀 다른 모습으로 바뀌었을 때, 그 변화를 '고유문화의 훼손'이라 생각하나요, 아니면 '새로운 문화의 창조'라 생각하나요?

1. trade (n./v.)

유사어 exchange, commerce, barter
뜻 교류/교류하다, 무역/무역하다
예문 Ketchup spread from China to other countries through trade.
(케첩은 무역을 통해 중국에서 다른 나라로 퍼졌다.)
활용 ✓ international trade – 국제 무역 ✓ trade goods – 무역 상품

2. adaptation (n.)

유사어 modification, adjustment, change
뜻 적응
예문 Each country made its own adaptation of ketchup, like banana ketchup
in the Philippines.
(각 국가는 필리핀의 바나나 케첩처럼 케첩을 자국 실정에 맞게 변형하여 만들었다.)
활용 ✓ adaptation process – 적응 과정

3. globalization (n.)

유사어 internationalization, integration
뜻 세계화
예문 Globalization has allowed companies to enter new markets more easily.
(세계화로 인해 기업들은 새로운 시장에 더 쉽게 진출할 수 있게 되었다.)
활용 ✓ promote globalization – 세계화를 촉진하다

4. innovation (n.)

유사어 invention, improvement, breakthrough
뜻 혁신
예문 Factories used innovation to make ketchup in bottles for everyone.
(공장들은 모두가 사용할 수 있도록 케첩을 병에 담아 만들기 위해 혁신을 도입했다.)
활용 ✓ drive innovation – 혁신을 이끌다 ✓ product innovation – 제품 혁신

5. fusion (n.)

유사어 blend, combination, mix
뜻 융합
예문 The restaurant offers a fusion of Korean and Mexican flavors.
(그 레스토랑은 한식과 멕시코 음식의 융합을 선보인다.)
활용 ✓ cultural fusion – 문화의 융합

Food Scientist

식품 과학자

A food scientist studies what food is made of and how it changes during processing to make sure it is safe, tasty, and nutritious for people to eat. They use science, like biology and chemistry, to check things such as the flavor, color, texture, and nutritional value of food, and they test for anything harmful like bacteria or mold. Food scientists also work on creating new foods or improving existing ones, making sure that food manufacturing follows safety and quality rules, and finding better ways to produce, store, and package food. They help make everyday foods safer, healthier, and more enjoyable for everyone. Their work is important for feeding the world's growing population and supporting public health.

🎙️ **하루 일과는 보통 어떻게 흘러가나요?**

🐤 아침에는 실험실에서 샘플을 준비해 미생물 검사나 영양 성분 분석을 하고, 색·향·맛 테스트를 위해 시식회를 열기도 해요. 다음으로 실험 결과를 정리해 논문이나 보고서로 작성하고, 다음날 실험을 위한 시약·원료를 주문하고 실험 계획을 세우죠.

🎙️ **식품 과학 실험에서 가장 중요하게 보는 요소는 무엇인가요?**

🐤 안전과 정확성이에요. 미생물 검사 시에는 멸균이 기본이고, 영양 성분을 측정할 땐 기기에 오차가 없도록 꼼꼼히 신경을 써야 하죠.

🎙️ **맛을 평가할 때 사용하는 기법이나 기준이 있나요?**

🐤 보통 동일한 환경에서 여러 사람에게 맛·향·식감을 평가하게 해요. 설문지를 통해 단맛-짠맛 균형, 색깔 선호도 등을 점수화한 뒤 평균을 내면 객관적인 데이터가 됩니다.

🎙️ **식품 과학자로서 가장 기억에 남는 프로젝트는 무엇인가요?**

🐤 지역 농산물인 무로 만든 천연 발효 소스를 연구했어요. 부패 방지와 풍미를 높이는 방법을 찾아, 시제품을 직접 만들어 본 경험이 지금도 가장 뿌듯합니다.

🎙️ **앞으로 식품 과학 분야에서 주목해야 할 기술 트렌드는 무엇일까요?**

🐤 마이크로바이옴 활용과 대체 단백질 연구가 뜨고 있어요. 유용한 미생물을 이용해 발효식품을 개발하거나, 식물성·세포 배양 기반 단백질로 미래 식량 문제를 해결하는 시도가 활발해질 겁니다.

한문단 영어

케첩은 오래전 중국에서 시작되었어요. 사람들은 발효된 음식과 향신료로 케첩을 만들었어요. 상인들은 큰 배에 케첩을 싣고 동남아시아, 그리고 유럽으로 옮겼어요. 미국에서는 공장에서 큰 병에 케첩을 대량 생산해, 가게에서 모두가 살 수 있게 했어요. 오늘날 여러 나라에서 감자튀김과 햄버거에 케첩을 찍어 먹어요. 몇몇 나라에서는 매운 케첩이나 필리핀의 달콤한 바나나 케첩처럼 새로운 맛을 더하기도 해요.

Career Snapshot

식품 과학자는 음식이 무엇으로 만들어지는지, 또 가공되는 동안 어떻게 변하는지 연구해서 우리가 안전하고 맛있고 영양가 있는 음식을 먹을 수 있도록 하는 사람이에요. 이들은 생물학과 화학 같은 과학 지식을 활용해 음식의 맛, 색, 식감, 영양 성분 등을 검사하고, 세균이나 곰팡이 같은 해로운 요소가 있는지 테스트하죠. 또 새로운 식품을 개발하거나 기존 음식을 개선하며, 식품 제조 과정이 안전·품질 기준을 잘 지키도록 관리해요. 더불어 저장·포장 방식을 연구해 더 오래 신선하게 유지될 수 있도록 돕기도 합니다. 덕분에 우리가 매일 먹는 음식이 더 안전하고 건강하며 맛있어지는 거예요. 식품 과학자의 연구는 전 세계 인구를 먹여 살리고, 공중보건을 지키는 데 아주 중요한 역할을 합니다.

Word Quest 01

Across

③ 가까운 거리에서 무선으로 데이터를 주고받는 기술
⑥ 온라인이나 게임에서 사용자를 대신하는 가상 캐릭터
⑦ 원하지 않는 광고성 이메일이나 메시지
⑧ 인터넷에서 빠르게 퍼지는 유머나 이미지, 영상 등
⑩ 머리에 쓸 수 있는 모자가 달린 긴팔 상의
⑪ 토마토를 주재료로 한 대표적인 빨간색 소스

Down

① 사람 대신 다양한 일을 할 수 있는 기계 장치
② 데님 천으로 만든 바지, 대표적인 캐주얼 패션 아이템
④ 소셜미디어에서 '#' 기호와 함께 쓰여 검색이나 분류를 돕는 단어
⑤ 조종기로 움직이는 무인 비행기 또는 헬리콥터
⑦ 스마트폰 등으로 자신을 직접 찍은 사진
⑨ 세계적으로 가장 많이 쓰이는 인터넷 검색 엔진

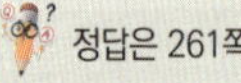

정답은 261쪽

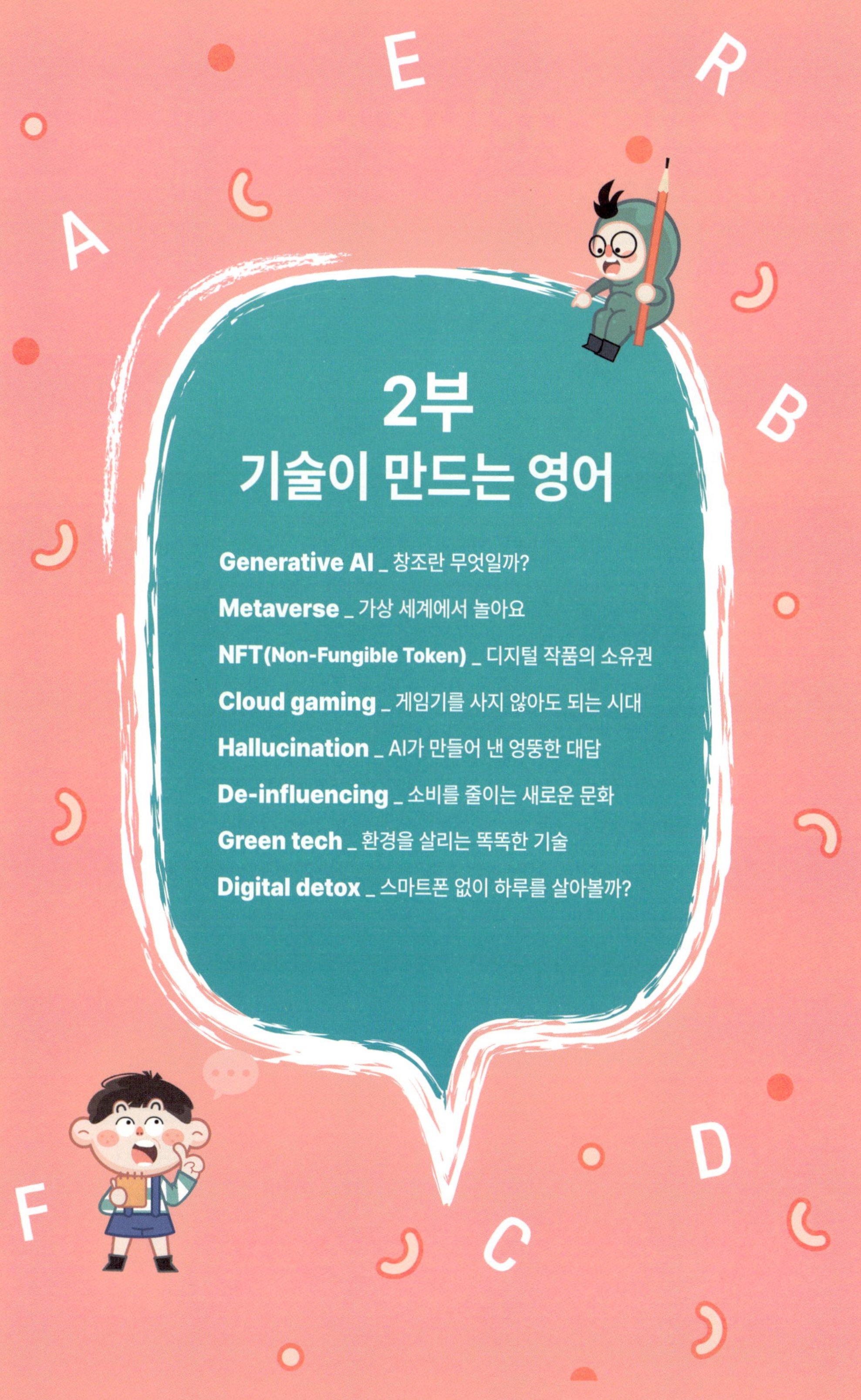

2부
기술이 만드는 영어

Generative AI _ 창조란 무엇일까?

Metaverse _ 가상 세계에서 놀아요

NFT(Non-Fungible Token) _ 디지털 작품의 소유권

Cloud gaming _ 게임기를 사지 않아도 되는 시대

Hallucination _ AI가 만들어 낸 엉뚱한 대답

De-influencing _ 소비를 줄이는 새로운 문화

Green tech _ 환경을 살리는 똑똑한 기술

Digital detox _ 스마트폰 없이 하루를 살아볼까?

Generative AI

창조란 무엇일까?

Word Story

　2018년, 뉴욕 크리스티 경매에서 AI가 창작한 초상화 'Portrait of Edmond de Belamy'가 43만 2,500달러(약 5억 원)에 낙찰되며 전 세계의 이목을 집중시켰어요. 이 작품은 프랑스 예술 집단 'Obvious'가 개발한 것으로, AI 알고리즘을 활용해 만들어졌어요. Obvious는 14세기부터 20세기까지 1만 5,000점에 달하는 고전 초상화 이미지를 AI에 학습시킨 뒤, 알고리즘이 스스로 새로운 이미지를 생성하도록 했습니다.

　이 경매는 AI가 만든 예술 작품이 세계적인 미술 시장에서 처음으로 공식적으로 인정받은 사건으로 기록됐으며, 예술계에서는 "예술의 주체는 누구인가?" "AI도 예술가가 될 수 있는가?"라는 논쟁이 활발히 이어졌지요. 이 사건은 AI가 예술의 영역에서 단순한 도구를 넘어 창작의 주체로 논의될 수 있음을 전 세계에 각인시킨 상징적 예입니다.

　생성형 AI는 텍스트, 이미지, 음악 등 다양한 콘텐츠를 만들어 내는 AI 기술입니다. Generate는 '만들어 낸다'라는 뜻이며, AI는 Artificial Intelligence(인공지능)의 약어입니다. 즉, Generative AI는 기존 데이터를 학습하고 이를 바탕으로 새로운 것을 창조하는 능력을 갖춘 AI입니다. 예를 들어, 챗GPT 같은 텍스트 생성 모델은 사용자의 질문에 답하거나 이야기를 만들어 내고, DALL-E 같은 이미지 생성 모델은 입력된 텍스트를 기반으로 그림을 그립니다. 이러한 기술은 기존 데이터를 단순히 복사하는 것이 아니라 학습한 내용을 바탕으로 새로운 형태의 결과물을 만듭니다.

Generative AI가 처음 등장했을 때, 사람들은 이를 단순한 '기계적 도구'로 여겼어요. 그러나 시간이 흐르면서 AI는 점점 더 창의적인 영역으로 확장되었어요. 예술가들은 AI를 활용해 독창적인 작품을 만들고, 작가들은 AI와 협업해 새로운 이야기를 만듭니다. AI는 특정 스타일이나 주제에 맞춰 글을 창작할 수 있어 인간의 창작 과정을 보조하는 역할을 합니다. 또한, 이미지 생성 AI는 예술가들에게 새로운 영감을 제공하는 도구가 되었지요. 간단한 텍스트 입력만으로도 상상 속 이미지를 시각적으로 구현할 수 있으며, 이를 기반으로 창의적인 작품을 창작하는 것이 가능해졌습니다.

챗GPT가 제작사 오픈AI의 샘 올트먼 CEO를 지브리 애니메이션 풍으로 그린 일러스트.

AI가 만들어 낸 작품이 단순한 데이터 조합인지, 혹은 진정한 창작물로 인정될 수 있는지에 대한 논의는 여전히 활발하게 진행 중입니다. 인간의 창작은 개인의 경험, 감정, 철학이 반영된 결과물입니다. 한 편의

시나 그림에는 창작자의 내면이 담기고, 이를 감상하는 사람들은 감정을 공유하며 교감을 하지요. 반면 AI는 데이터를 학습하고 알고리즘을 통해 패턴을 분석하여 새로운 결과물을 생성합니다. 그렇다면, 감정을 직접 경험하지 않는 AI가 만든 작품을 '창작'이라 부를 수 있을까요? '창작'이란 반드시 작가의 주관적인 감정과 경험을 기반으로 해야만 하는 것일까요? 아니면 기존 요소들을 새로운 방식으로 결합하고 표현하는 행위 자체가 창작의 본질일까요?

Generative AI가 만들어 낸 콘텐츠는 저작권 문제와 같은 윤리적 논란을 불러일으킬 수 있습니다. AI가 학습한 데이터에 원저작자의 작품이 포함되어 있다면, 그 결과물이 저작권 침해에 해당할 가능성이 있어요. 스타일트랜스퍼 AI는 유명 화가들의 스타일을 학습하여 새로운 예술 작품을 생성하는 기술입니다. 스타일트랜스퍼 AI는 피카소나 반 고흐와 같은 유명 화가들의 그림 스타일을 모방하여 새로운 작품을 만듭니다. 하지만 특정 작품의 '독창적 표현'을 구체적으로 복제할 때는 저작권 문제가 뒤따릅니다.

AI 기술의 발전이 가져올 부정적인 측면을 분명히 인식하고, 이를 해결하기 위한 규제 방안을 마련해야 합니다. 우선, AI가 생성한 콘텐츠의 출처를 명확히 밝혀서, 저작권 문제가 발생할 가능성이 있는지 사전에 확인해 보는 것이 좋습니다. 또한, AI 모델이 학습하는 데이터를 철저히 검토하여 잘못되거나 편향된 정보가 없도록 해야 합니다.

Generative AI는 이제 인간과 함께 창작의 가능성을 확장하는 중요한 동반자로 자리 잡고 있습니다. 그림을 그리고, 글을 쓰고, 음악을 만드는 이 기술은 우리의 상상력을 자극하며 창의성의 새로운 장을 열어가고 있습니다. 그러나 기술은 그 자체로 중립적이며, 이를 어떻게 활용할지는 결국 우리의 선택에 달려 있습니다. 우리가 AI를 어떻게 이해하고, 어떻게 윤리적이고 책임감 있게 사용할 것인지 깊이 생각해 봅시다.

Generative AI is a computer tool that learns from many examples to make art, stories, and music. Artists and writers use it to find new ideas and create interesting works. Some people ask if AI art is real creativity because AI does not have feelings like human beings. AI can also copy the style of famous painters, which may break copyright rules. We need to clearly mark AI-generated content and verify where it originated before trusting it. Generative AI can help us be more creative, but we must use it carefully and responsibly.

creativity : 창의력   copyright : 저작권   verify : 확인하다
responsibly : 책임감 있게

생성형 AI는 수많은 자료를 학습해서 새로운 것을 만들어 냅니다. 그렇다면 AI가 만든 콘텐츠는 진짜 '새로운 것'이라고 할 수 있을까요? 창조란 완전히 새로운 무언가를 만드는 것일까요, 아니면 잘 조합하는 능력일까요? 여러분의 생각을 적어 보세요.

1. machine learning (n.)

- **유사어** AI learning, computer learning, smart learning
- **뜻** 컴퓨터가 스스로 공부해서 더 똑똑해지는 기술
- **예문** Machine learning helps computers get better at games and answering questions.
  (기계 학습은 컴퓨터가 게임을 더 잘하고 질문에 답하는 능력을 향상하도록 돕는다.)
- **활용** ✓ learn by machine learning – 머신러닝으로 배우다

2. prompt (n.)

- **유사어** question, instruction, command
- **뜻** 짧은 문장이나 질문
- **예문** If you give the AI a prompt like "draw a happy dog," it will make a picture.
  (AI에게 '행복한 강아지를 그려줘'라는 프롬프트를 주면, 그림을 만들어 낼 것이다.)
- **활용** ✓ write a prompt – 프롬프트를 쓰다 ✓ give a prompt – 프롬프트를 주다

3. output (n.)

- **유사어** result, answer, product
- **뜻** 결과나 답
- **예문** The factory's daily output of cars has doubled this year.
  (공장의 하루 차량 생산량이 올해 두 배로 증가했다.)
- **활용** ✓ get an output – 출력을 얻다

4. training (n.)

- **유사어** practice, learning, teaching
- **뜻** 연습, 훈련
- **예문** The new hires completed a week of safety training before starting work.
  (신입 사원들은 일을 시작하기 전에 일주일간의 안전 교육을 마쳤다.)
- **활용** ✓ on-the-job training – 현장실습 ✓ intensive training – 집중 훈련

5. data (n.)

- **유사어** information, facts, details
- **뜻** 숫자, 글, 그림 같은 정보
- **예문** AI learns from lots of data, like pictures and words.
  (AI는 사진이나 단어 같은 방대한 데이터를 학습한다.)
- **활용** ✓ collect data – 데이터를 모으다 ✓ data analysis – 데이터 분석

AI Researcher

AI 연구원

An AI researcher studies and develops new ways for computers to think and learn, aiming to make artificial intelligence smarter and more useful. They design experiments, build and test algorithms, and use large amounts of data to train AI systems. AI researchers often work with other scientists and engineers, share their findings in journals or conferences, and keep up with the latest trends in technology. Their work helps improve things like voice assistants, medical imaging, and self-driving cars. AI researchers need strong problem-solving skills, a good understanding of math and programming, and the ability to explain complex ideas clearly to others.

🎙 **AI 연구자가 되기로 결심한 특별한 순간이 있었나요?**

🗨 저는 고등학교 때 '알파고 vs 이세돌' 기사를 읽고 큰 충격을 받았어요. 컴퓨터가 인간과 견줄 만한 바둑 실력을 지녔다는 사실이 너무 신기해서 '나도 이런 똑똑한 프로그램을 만들어 보고 싶다'라고 다짐했죠.

🎙 **가장 뿌듯했던 연구 성과는 무엇이었나요?**

🗨 한 번은 의료 영상에서 초기 암 조직을 검출하는 모델을 개발했는데, 기존 정확도 대비 7%가량 향상된 결과를 얻었어요. 병원 연구팀과 협업해 실제 임상 적용 가능성을 검증할 때 정말 보람을 느꼈습니다.

🎙 **이 직업에 필요한 핵심 역량 세 가지는 무엇인가요?**

🗨 첫 번째, 수학적 이해력입니다. AI 모델이 어떻게 학습하고 결과를 도출하는지 이해하려면 연산, 확률, 통계 같은 개념이 필수예요. 둘째는 프로그래밍 능력입니다. 연구 아이디어를 코드로 구현하고, 실험 결과를 확인하는 과정에서 오류를 빠르게 찾아 고칠 수 있어야 해요. 데이터 처리부터 스크립트 작성, 결과 시각화까지 모두 처리할 줄 알아야 연구 속도가 빨라집니다. 마지막으로 분석 능력도 필요합니다. 실제 현장에서 해결해야 할 문제를 'AI로 어떻게 풀 것인가?'로 구체화하는 과정이 중요해요. 연구 목표를 명확히 세워야 의미 있는 성과를 낼 수 있답니다.

 한문단 영어

생성 AI는 많은 예시를 학습해서 예술 작품, 이야기, 음악을 만드는 컴퓨터 도구예요. 예술가와 작가들은 새로운 아이디어를 찾고 재미있는 작품을 만들기 위해 AI를 사용해요. 하지만 AI는 인간처럼 감정이 없어서, AI 예술이 진짜 창의력인지 의문을 제기하는 사람도 있어요. AI는 유명 화가의 스타일을 복제하기도 해서 저작권을 침해할 위험이 있어요. 신뢰하기 전에 AI가 만든 콘텐츠라는 것을 분명히 표시하고, 그 출처를 확인해야 해요. 생성 AI는 우리를 더 창의적으로 만들어 줄 수 있지만, 조심하고 책임감 있게 사용해야 해요.

Career Snapshot

AI 연구자는 컴퓨터가 더 똑똑하게 생각하고 배울 수 있도록 새로운 방법을 연구하고 개발하는 사람이에요. 실험을 설계하고, 알고리즘을 만들고 테스트하며, 방대한 데이터를 활용해 AI 시스템을 훈련하죠. 보통 다른 과학자나 엔지니어와 협업하면서 연구 결과를 논문이나 학회에서 공유하고, 최신 기술 동향을 꾸준히 파악해요. 이들의 연구 덕분에 음성 비서, 의료 영상 분석, 자율주행 자동차 같은 기술이 한층 발전할 수 있답니다. AI 연구자가 되려면 문제를 해결하는 능력이 뛰어나야 하고, 수학과 프로그래밍에 대한 이해가 깊어야 해요. 또 복잡한 아이디어를 남에게 알기 쉽게 풀어 설명하는 능력도 중요하죠.

Generative AI
AI의 미래는 어디까지 뻗어 갈까?

☑ 약한 AI vs. 강한 AI

AI는 약한 AI와 강한 AI의 두 가지로 나뉘어요. 약한 AI(ANI, Artificial Narrow Intelligence)는 지금 우리가 쓰는 AI인데, 한두 가지 일에 특화되어 있어요. 예를 들어 번역용 AI나 얼굴 인식 AI 등은 주어진 목적 하나에 맞춰 아주 잘 작동하지만 다른 문제에는 스스로 대응하지 못해요. 반면 현재 개발 중인 강한 AI(AGI, Artificial General Intelligence)는 여러 분야의 지식을 연결해 스스로 배우고 판단하고 창의적으로 문제를 해결할 수 있어요.

☑ ASI – 인간보다 더 똑똑한 존재

AGI가 실현되고 나면 다음에는 어떤 일이 일어날까요? 바로 ASI(Artificial Super Intelligence), 즉 인공 초지능이 등장할 수 있어요. ASI는 인간보다 훨씬 빠르고 정확하게 생각하고, 감정, 판단, 창의성까지 갖춘 궁극의 AI를 말해요. ASI는 단순히 똑똑한 AI가 아니라 인간이 만든 기술이 인간을 초월한다는 의미기도 해요. 과학자들은 ASI가 정말 가능할지, 또 가능하다면 얼마나 위험하거나 유익할지를 두고 서로 다른 의견을 가지고 있어요.

Metaverse
가상 세계에서 놀아요

Word Story

메타버스는 영어로 쓰면 Metaverse인데, 이 단어는 그리스어 '메타(meta)'와 영어의 '유니버스(universe)'의 합성어입니다. 여기서 메타(meta)는 '넘어서' '초월하여'라는 의미입니다. 예를 들어, 'meta cognition(메타인지)'은 '생각을 넘어서 생각하는 능력'이라는 뜻으로, 내가 지금 어떻게 배우고 있는지, 무엇을 알고 무엇을 모르는지를 스스로 점검하는 힘을 말하지요. 다시 본론으로 돌아와서, '메타버스'란 우리가 살고 있는 현실 세계를 뛰어넘어 확장된 또 다른 세계, 즉 현실을 넘어서는 새로운 세상을 뜻합니다. 다시 말해 메타버스는 현실과 가상, 두 세계가 합쳐진 공간입니다.

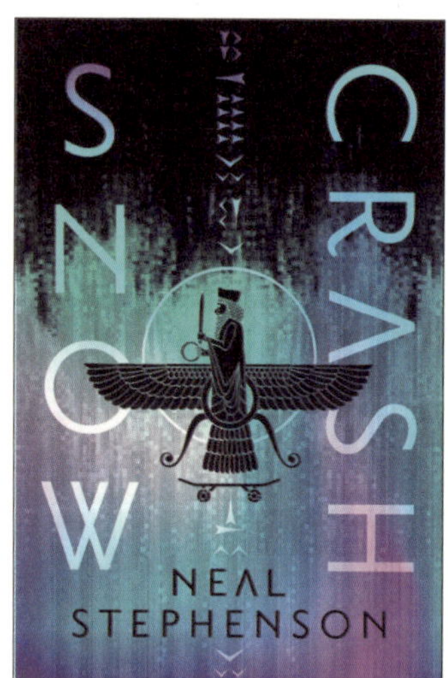

최초로 메타버스를 다룬 소설 『스노우 크래쉬』.

가상현실(VR)* 기술과 증강현실(AR)** 기술이 크게 발전하면서 이제 우리는 마치 실제 그 장소에 있는 것처럼 가상 세계를 경험할 수 있어요. 온라인 게임 플랫폼 로블록스(ROBLOX)에서는 가상의 생일파티가 열립니다. 친구들은 각자의 아바타로 참여하여 함께 게임을 즐기고, 채팅하며 특별한 시간을 보내지요. 이러한 가상 파티는 특히 코로나19 팬데믹 기간에 대면 모임이 어려운 상황에서 더욱 인기를 끌었어요. 로블록스와 같은 메타버스 플랫폼은 새로운 소통 방식이 되어 현실과 가상의 경계를 허물었습니다. 우리가 게임을 하면서 게임 캐릭터를 움직이고, SNS에서 가상 아바타로 소통하는 모습들이 모두 메타버스라는 개념의 초기 형태입니다.

가상현실(VR) : 말 그대로 컴퓨터나 디지털 기술로 만든 가상의 공간에 내가 들어간 것처럼 느끼게 해주는 기술입니다. VR 기기(VR 헤드셋, 고글)를 쓰면 실제 공간은 보이지 않고, 눈앞에 360도로 펼쳐진 가상 세계가 보이는 것이 가상현실입니다.

증강현실(AR) : 현실에 디지털 정보를 겹쳐서 보여주는 기술입니다. 실제 우리가 보는 세상 위에 글자, 이미지, 캐릭터 같은 것을 덧붙여 보여주는 기술입니다. 예를 들어, 포켓몬고 게임에서 현실 거리 위에 포켓몬이 나타난다거나, 스마트폰 AR 필터를 통해 얼굴 위에 동물 귀나 화장 효과를 추가하는 것이 증강현실입니다.

대표적인 예로 메타버스 플랫폼인 제페토(ZEPETO)에서는 친구들과 함께 가상 세계의 옷을 고르고, 캐릭터를 꾸미고, 가상 학교에서 모입니다. 특히 제페토는 예술가와 팬들이 가상공간에서 함께 교류하고 소통할 수 있습니다. 2020년 블랙핑크는 제페토에서 아바타로 가상 팬 사인회를 열었는데, 전 세계에서 누적 접속자 4,600만 명이 참여하며 큰 인기를 끌었습니다. 방탄소년단(BTS) 역시 제페토 내에서 아바타를 활용한 다양한 콘텐츠를 선보이면서 팬들과 특별한 방식으로 소통했습니다.

메타버스는 교육, 경제, 사회 전반에 걸쳐 많은 변화를 만들었습니다. 가상현실 속에서 피라미드를 탐험하거나(구글 익스피디션), 우주 정서장에 방문해서 직접 우주인을 만나 이야기할 수 있는 수업(엔게이지 플랫폼)이 이미 진행되고 있습니다. 멀리 있는 다른 나라의 친구들과 쉽게 만나 서로의 문화를 체험할 수도 있답니다(이프랜드).

경제 분야에서도 메타버스는 중요한 역할을 합니다. 가상 세계에서 땅이나 건물을 사서 투자하거나(샌드박스), 유명 브랜드의 옷과 신발을 아이템으로 구매할 수도 있습니다. 실제로 가상 세계 속 땅값이 현실 세

계의 집값과 비슷한 수준으로 오른 사례도 있습니다(디센트럴랜드). 또한 수많은 기업이 자신들의 브랜드를 알리기 위해 가상 세계에 상점을 열고 상품을 소개하기도 합니다.

☑ **ENGAGE**
VR과 AR을 활용한 메타버스 플랫폼. 가상 우주 정거장 체험, 역사 탐방 등 몰입형 학습이 가능하며, 다국적 기업들의 가상 회의 및 이벤트 플랫폼으로도 활용됨.

☑ **구글 익스피디션(Google Expeditions)**
학생들이 가상현실을 통해 세계 각지를 탐험하고 역사적 장소를 체험할 수 있도록 만든 구글의 교육용 VR 앱. (2021년 서비스 종료)

☑ **이프랜드(ifland)**
SK텔레콤이 만든 메타버스 플랫폼으로, 사용자들이 아바타로 모임을 열고 친구들과 문화 체험 및 소통이 가능한 가상 소셜 공간.

☑ **더 샌드박스(The Sandbox)**
사용자가 가상의 부동산을 구매하고, 그 위에 자신만의 콘텐츠나 게임을 제작하여 수익화할 수 있음.

☑ **디센트럴랜드(Decentraland)**
사용자는 토지나 아이템을 소유하고 거래할 수 있으며, 현실과 유사한 경제 활동이 가능함.

'Metaverse' comes from "meta," meaning 'beyond,' and "universe," meaning 'our world'. Today, metaverse platforms like Roblox let friends have virtual birthday parties, and ZEPETO lets fans meet K-pop stars as avatars. In the metaverse, we can explore pyramids in VR, visit space stations, and buy virtual land or clothes. We can learn, play, and meet friends in ways we never could before.

beyond : …을 넘어서   explore : 탐험하다   visit : 방문하다

 생각 정리

만약 여러분이 매일 메타버스 속에서 수업을 듣고, 친구와 대화하고, 발표도 한다면 지금의 학교생활보다 어떤 점이 더 좋을까요? 반대로 어떤 점이 불편할 것 같나요?

1. platform (n.)

- **유사어** service, system, environment
- **뜻** 사람들이 모여서 게임, 공부, 일, 소통을 할 수 있는 디지털 공간
- **예문** Roblox is a popular platform where kids can play and build games.
  (로블록스는 아이들이 게임을 플레이하고 직접 만들 수 있는 인기 있는 플랫폼이다.)
- **활용** ✓ join a platform – 플랫폼에 참여하다

2. avatar (n.)

- **유사어** character, persona, digital self
- **뜻** 메타버스 안에서 나를 대신해 움직이는 캐릭터
- **예문** You can dress up your avatar any way you like in the metaverse.
  (메타버스에서 원하는 대로 아바타를 꾸밀 수 있다.)
- **활용** ✓ create an avatar – 아바타를 만들다
  ✓ customize an avatar – 아바타를 꾸미다

3. interaction (n.)

- **유사어** communication, connection, engagement
- **뜻** 상호작용, 교류
- **예문** Social media platforms encourage user interaction through comments.
  (소셜 미디어 플랫폼은 댓글을 통해 사용자 간 상호작용을 장려한다.)
- **활용** ✓ social interaction – 사회적 상호작용

4. immersion (n.)

- **유사어** deep experience, involvement, absorption
- **뜻** 몰입
- **예문** VR goggles give you a feeling of total immersion in the metaverse.
  (VR 고글은 메타버스에서 완전한 몰입감을 제공한다.)
- **활용** ✓ sense of immersion – 몰입감

5. creator (n.)

- **유사어** builder, designer, maker
- **뜻** 창작자
- **예문** YouTube creators earn revenue by producing engaging video content.
  (유튜브 창작자들은 흥미로운 영상 콘텐츠를 제작하여 수익을 얻는다.)
- **활용** ✓ become a creator – 창작자가 되다 ✓ creator tools – 창작 도구

XR Designer

XR 디자이너

An XR designer creates interactive virtual, augmented, or mixed reality experiences that are easy and enjoyable for people to use. They come up with ideas, design 3D environments, and plan how users will interact with digital worlds, often by making sketches, storyboards, and prototypes. XR designers focus on understanding what users need, testing their ideas, and improving the experience based on feedback. They work closely with other team members, like developers and artists, to make sure the final product looks good and works smoothly. To do this job well, XR designers need creativity, problem-solving skills, and a good understanding of how people use technology in new ways.

🎙️ **XR이라는 용어가 낯선데, 정확히 무엇을 뜻하나요?**

🐤 XR은 'Extended Reality'의 약자로, 가상현실(VR), 증강현실(AR), 혼합현실(MR)을 모두 아우르는 포괄적인 개념이에요. 즉, 완전히 가상 공간에 들어가는 VR, 현실 공간 위에 정보를 덧입히는 AR, 그리고 가상과 현실을 자연스럽게 섞어 상호작용을 하게 하는 MR까지 모두 '확장된 현실'로 보는 것이죠. 이 세 가지 기술이 결합하여 다양한 사용자 경험을 만들어 내는 분야를 통틀어 XR이라고 부릅니다.

🎙️ **XR 디자이너라는 직업을 처음 알게 된 계기는 무엇이었나요?**

🐤 고등학교 미술품 전시를 보러 갔다가 VR 헤드셋을 써 보게 됐어요. 눈앞에 3D 작품이 떠오르는 순간, '이건 진짜 예술의 미래다!'라고 느꼈죠. 그날부터 화면 밖 공간을 디자인해 보고 싶다는 마음이 생겼습니다.

🎙️ **이 직업에 필요한 핵심 역량 세 가지는 무엇인가요?**

🐤 우선 '공간 감각'이 매우 중요해요. 3D 환경을 설계할 때 사용자가 어디를 보고 어떻게 움직일지를 머릿속에 그려볼 수 있어야 하거든요. 둘째로 '사용자 공감 능력'이 필수입니다. 사용자가 어떤 동작을 기대하고 어디에서 불편함을 느낄지 예측할 수 있어야 편안한 경험을 디자인할 수 있죠. 마지막으로, '기술 이해력'이 필요합니다. 프레임률, 각 플랫폼이 가진 제약사항을 잘 파악해야 디자인이 실제로 매끄럽게 구현될 수 있어요.

🎙️ **앞으로 XR 디자인 분야에서 주목할 트렌드는 무엇일까요?**

🐤 저는 먼저 웹 기반으로 XR이 대중화되는 흐름을 지켜볼 만하다고 생각해요. 별도의 앱 설치 없이 브라우저만으로 가상·증강 현실을 체험할 수 있게 되면 사용자 접근성이 크게 높아지죠. 또 AI가 사용자 동선과 시야를 분석해 자동으로 최적의 배열과 애니메이션을 제안해 주는 기능이 본격화될 것입니다. 마지막으로, 메타버스처럼 여러 사람이 동시에 모이는 '소셜 XR' 공간이 점점 활성화되면서, 사람과 사람을 잇는 디자인이 더욱 중요한 키워드가 될 거예요.

한문단 영어

메타버스는 '넘어서'라는 뜻의 'meta'와 '세계'라는 뜻의 'universe'에서 왔어요. 오늘날 로블록스 같은 메타버스 플랫폼에서는 친구들이 가상 생일파티를 열 수 있고, 제페토에서는 팬들이 K-팝 스타를 아바타로 만날 수 있어요. 메타버스에서는 VR로 피라미드를 탐험하고, 우주 정거장도 방문하며, 가상 땅이나 옷을 살 수도 있어요. 우리는 이전에는 할 수 없던 새로운 방식으로 배우고, 놀고, 친구를 만날 수 있답니다.

Career Snapshot

XR 디자이너는 사람들이 편하고 즐겁게 사용할 수 있는 인터랙티브한 가상·증강·혼합현실 경험을 만드는 사람이에요. 먼저 아이디어를 내고, 3D 환경을 디자인한 뒤 사용자가 디지털 세계와 어떻게 서로 작용할지 계획하죠. 스케치나 스토리보드, 프로토타입을 만들어봐서 실제로 어떻게 느껴질지 테스트해 보기도 해요. XR 디자이너는 사용자가 무엇을 필요로 하는지 이해하는 데 집중하고, 피드백을 받아 아이디어를 개선해 나가는 과정을 중요하게 생각해요. 개발자나 아티스트 같은 팀원들과 긴밀히 협업해서 최종 결과물이 보기 좋고 매끄럽게 작동하도록 하죠. 이 일을 잘하려면 창의력과 문제 해결 능력은 물론, 사람들이 새로운 방식의 기술을 어떻게 사용하는지 이해하는 감각이 필요해요.

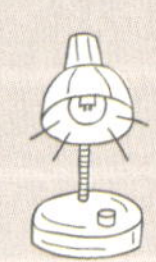

Metaverse
하나의 세계 vs. 여러 개의 우주

☑ 유니버스 - 하나의 세계

우리가 사는 우주, 즉 모든 별, 행성, 시간, 공간이 포함된 거대한 하나의 세계가 바로 유니버스(Universe)예요. 확장된 의미로 세계관을 뜻하기도 하는데, 서로 연결된 인물, 사건, 설정이 만들어내는 거대한 이야기 세계를 뜻해요. 예를 들어 SF(Science Fiction) 유니버스는 과학적 상상력으로 만들어진 가상의 세계예요. 현실에서는 아직 불가능한 미래 기술이나 우주여행, 로봇, 외계 생명체 같은 것들을 중심으로 만들어진 이야기 세계를 말해요.

☑ 멀티버스 - 여러 개의 우주

하나의 세계가 아닌, 비슷한 듯 서로 다른 세계가 무수히 존재할 수 있다는 의미입니다. 영화 '인터스텔라'에서는 블랙홀, 다차원 공간, 시간의 상대성 개념을 통해 멀티버스(Multiverse)를 시각적으로 보여줬어요. 멀티버스 이론 중 대표적인 것이 평행우주 이론입니다. 우리와 똑같은 우주가 조금 다른 선택을 한 결과로 존재한다고 보는 이론이에요. 예를 들어, 어떤 우주에서는 오늘 아침에 빵을 먹은 내가 있고, 또 어떤 우주에서는 아예 아침을 거른 내가 있다는 식으로 상상을 해보는 거죠.

NFT (Non-Fungible Token)
디지털 작품의 소유권

2021년, 한 그림 작품이 6,930만 달러(약 935억 원)에 팔렸다는 소식이 전 세계를 놀라게 했습니다. 이 그림은 미국의 디지털 아트 작가 비플(Beeple)이 만든 디지털 이미지(JPG) 파일이었는데 특별한 점은 바로 NFT라는 기술이 적용되었다는 것이었습니다. 이미지 파일이면 누구나 복사하고 저장할 수 있는데, 도대체 이 그림이 왜 그렇게 비싼 가격에 거래되었을까요? 이 그림은 도대체 어떤 가치를 지녔던 걸까요?

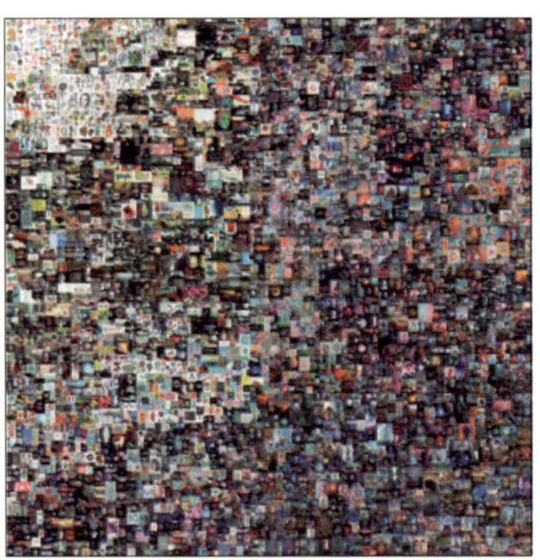

비플이 15년간 만든 디지털 아트 5천 점을 하나로 묶은
'Everydays: the First 5000 Days'

이 질문에 답하기 위해, NFT라는 낯선 단어부터 살펴봅시다. NFT는 '대체 불가능한 토큰(Non-Fungible Token)'이라는 뜻의 약자예요. '토큰'은 디지털 공간의 거래 단위이고, Non-Fungible은 서로 바꿀 수 없다는 의미입니다. 예를 들어 우리가 사용하는 지폐나 동전은 서로 교환이 가능한, 즉 대체 가능한 자산입니다. 1,000원짜리 지폐 두 장은 서로 바꿔도 아무 문제가 없고, 그 가치는 동일합니다. 하지만 NFT는 똑같아 보이더라도 각기 고유한 속성을 가지고 있어서 절대 서로 바꿀 수 없는 자산이지요. NFT의 데이터(생성자, 생성 시점, 소유자 등) 는 블록체인에 기록됩니다. 블록체인은 정보를 안전하게 기록하고 보관하는 디지털 장부입니다. '블록(block)'은 정보 덩어리이고, '체인(chain)'은 그 블록들을 순서대로 연결한 구조를 뜻합니다.

NFT는 디지털 예술 시장에 새로운 소유권 증명 방식을 제시했어요. 그동안 디지털 그림이나 음악, 영상은 너무 쉽게 복제하고 공유할 수 있어서, 창작자들은 자기 작품에 대한 소유권을 인정받기 어려웠습니다. 하지만 NFT가 등장하면서 디지털 창작물에도 고유성과 희소성의 가치가 생겼어요. 창작자가 자신의 작품을 판매하고 수익을 정당하게 받을 수 있는 구조가 만들어진 셈이지요. 즉, '소유권' 개념이 그림이나 조각 등 물리적인 작품에만 적용되는 것이 아니라, 디지털 파일에도 적용될 수 있는 시대가 열린 겁니다.

NFT는 디지털 소유권 증명 방식을 혁신하며, 예술 분야를 넘어 게임, 음악, 스포츠, 교육, 패션 등 다양한 분야에 널리 쓰이게 되었어요. 온라인 게임에서는 게임 캐릭터와 아이템이 실제 '자산'으로 거래됩니다.

사용자는 게임 안에서 얻은 아이템을 진짜 돈을 주고 사고팔 수 있으며, 그 소유권은 블록체인에 영구적으로 기록됩니다. 음악 분야에서는 예술가들이 앨범이나 콘서트 표를 NFT 형태로 발매해 팬들에게 한정판 디지털 소장품을 제공하고 있습니다. 스포츠 분야에서는 선수의 명장면을 담은 영상과 한정판 디지털 카드가 NFT로 발행되고, 스포츠 팬들은 이를 수집하고 거래합니다. 예를 들어, 미국의 '탑 샷(NBA Top Shot)'이라는 플랫폼은 NFT 방식을 사용하여 실제 NBA 경기 영상의 하이라이트를 모은 영상을 판매합니다. 심지어 가상의 땅이나 건물을 NFT로 사고파는 '디지털 부동산' 개념까지 등장했습니다.

NFTs are special digital tokens that help people own art, music, or videos online. Before NFTs, anyone could copy digital files, so creators had trouble earning money. Now each NFT has a unique code on the blockchain that proves who owns it. This lets you buy and sell game items, songs, or highlight clips just like real objects.

creator : 창작자   unique : 특별한

 생각 정리

만약 여러분이 만든 그림이나 영상을 무단으로 누군가 NFT로 만들어 판다면, 어떻게 해야 할까요? 디지털 세상에서 '내 것'을 지키기 위해 어떤 규칙이나 장치가 필요할까요?

1. minting (n.)

- **유사어** creation, publishing, issuing
- **뜻** 디지털 그림이나 음악 등 파일을 블록체인에 올려서 NFT로 만드는 과정
- **예문** Minting an NFT means turning your artwork into a unique digital token on the blockchain.
  (NFT를 민팅한다는 것은 블록체인상에서 나의 예술 작품을 고유한 디지털 토큰으로 발행하는 것을 의미한다.)
- **활용** ✓ mint an NFT – NFT를 발행하다

2. ownership (n.)

- **유사어** possession, holding
- **뜻** 소유
- **예문** Proof of ownership is required before you can register the vehicle.
  (차량 등록을 하기 전에 소유권 증명이 필요하다.)
- **활용** ✓ take ownership of - ...에 대한 책임을 지다

3. marketplace (n.)

- **유사어** exchange, trading platform, shop
- **뜻** 거래 공간
- **예문** You can buy and sell NFTs on a marketplace like OpenSea.
  (OpenSea와 같은 마켓플레이스에서 NFT를 사고팔 수 있다.)
- **활용** ✓ list on a marketplace – 시장에 등록하다
  ✓ browse the marketplace – 시장을 둘러보다

4. wallet (n.)

- **유사어** digital wallet, crypto wallet, blockchain wallet
- **뜻** (온라인) 지갑
- **예문** You need a wallet to store your NFTs and trade them with others.
  (NFT를 저장하고 다른 사람과 거래하려면 지갑이 필요하다.)
- **활용** ✓ create a wallet – 지갑을 만들다

5. royalty (n.)

- **유사어** commission, fee, earnings
- **뜻** 수수료
- **예문** Artists can earn a royalty every time their NFT is resold in the marketplace.
  (예술가들은 자신의 NFT가 시장에서 재판매될 때마다 수수료를 받을 수 있다.)
- **활용** ✓ earn a royalty – 사용료를 받다 ✓ set a royalty – 사용료를 설정하다
  ✓ royalty payment – 사용료 지급

Digital Art Curator

디지털 아트 큐레이터

A digital art curator selects, organizes, and manages digital artworks for online exhibitions, virtual galleries, or digital archives. They develop creative strategies to present art using technology, often working with artists, designers, and technical teams to bring digital exhibitions to life. Digital art curators use digital tools, web platforms, and social media to reach wider audiences and tell the stories behind the artworks in engaging ways. They research trends in digital art, oversee the production of exhibition catalogs, and ensure that the presentation is both visually appealing and informative. Their role helps connect people with art in new, interactive formats and keeps digital collections accessible and relevant in the digital age.

🎙️ **디지털 아트 큐레이터라는 직업을 처음 알게 된 계기가 있나요?**

🐥 미술관에서 QR 코드를 찍어 영상 작품을 감상했던 경험이 첫 계기였어요. 웹 페이지로 연결돼 작품의 제작 과정이나 작가 인터뷰 영상을 볼 수 있었는데, '디지털이 예술을 더 풍부하게 만든다'라는 걸 깨닫고 흥미를 느꼈습니다.

🎙️ **디지털과 물리 전시를 기획할 때 다른 점이 있나요?**

🐥 물리 전시는 공간 배치와 동선 관리가 핵심이라면, 디지털 전시는 '접근성'과 '소통'이 관건이에요. 예를 들어 웹 전시에서는 클릭만으로 작품을 확대해 볼 수 있게 하거나, AR 필터를 통해 작품 속 요소를 내 스마트폰 카메라 위에 띄우는 식으로 관람 경험을 설계하죠.

🎙️ **디지털 아트 큐레이션에서 가장 힘든 점은 무엇인가요?**

🐥 해상도, 저작권 문제를 일일이 점검해야 해서 번거로울 때가 있어요. 특히 작가가 제공한 영상 파일이 느리게 재생되거나, 웹 브라우저별 호환성이 다를 때 테스트하고 수정하느라 시간이 오래 걸립니다.

🎙️ **앞으로 디지털 아트 큐레이션 분야에서 주목할 트렌드는 무엇일까요?**

🐥 블록체인 기반 NFT 전시와 메타버스 갤러리는 앞으로 더 많이 생겨나고, 관람객이 작품을 직접 배치하고 설명을 덧붙이는 '참여형 큐레이션'이 일반화될 거예요. 이를 통해 누구나 자신만의 전시를 쉽고 빠르게 만들어 볼 수 있죠. 또한 블록체인 기술 덕분에 작품의 소유권과 진품 여부를 투명하게 확인할 수 있어요. 지리적 제약 없이 집에서 전 세계 전시를 방문할 수 있고, VR·AR 기술로 실제 전시장을 거니는 듯한 몰입감을 느낄 수 있죠.

 한문단 영어

NFT는 온라인에서 예술 작품, 음악, 영상 등의 디지털 파일을 소유할 수 있게 해주는 특별한 토큰이에요. NFT가 생기기 전에는 누구나 파일을 복사할 수 있어서 창작자가 돈을 벌기 어려웠어요. 각 NFT에는 블록체인에 기록된 고유한 코드가 있어서 누가 소유자인지 증명해 줘요. 덕분에 게임 아이템, 노래, 하이라이트 영상 등을 실제 물건처럼 사고팔 수 있어요.

Career Snapshot

디지털 아트 큐레이터는 온라인 전시나 가상 갤러리, 디지털 아카이브를 위해 디지털 아트 작품을 골라서 정리하고 관리하는 사람이에요. 기술을 활용해 창의적으로 작품을 표현할 방법을 구상하고, 작가나 디자이너, 기술팀과 힘을 모아 디지털 전시를 실제로 구현하죠. 디지털 도구나 웹 플랫폼, 소셜 미디어를 사용해서 더 많은 사람들에게 다가가고, 작품 뒤에 숨은 이야기를 흥미롭게 전달하는 역할을 합니다. 디지털 아트 트렌드를 조사하고, 전시 카탈로그 제작을 감독하며, 전체적인 구성이 시각적으로 멋지면서도 내용을 잘 전달할 수 있도록 신경 써요. 이렇게 해서 사람들은 새로운 소통 형식으로 예술을 경험할 수 있고, 시대에 걸맞게 디지털 예술품의 접근성을 높이죠.

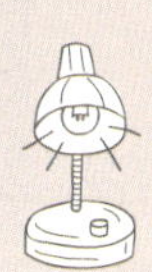

Cloud gaming
게임기를 사지 않아도 되는 시대

"엄마, 게임하고 싶은데 게임기가 없어. 게임기 사주세요!"

예전에는 이런 말이 자연스러웠어요. 좋아하는 게임을 하려면 게임기나 고성능 컴퓨터가 필요했기 때문이죠. 닌텐도, 플레이스테이션 같은 게임기를 갖고 있는 친구가 부럽고, 새로운 게임을 하려면 비싼 컴퓨터 본체나 그래픽 카드까지 따로 사야 하는 경우도 많았습니다. 하지만 지금은 게임기를 사지 않아도, 고성능 컴퓨터가 없어도, 심지어 스마트폰 하나만 있으면 어디서든, 누구나 최신 게임을 즐길 수 있는 시대입니다. 그 중심에 있는 기술이 '클라우드 게임'입니다.

Cloud Gaming이란 게임을 '클라우드'에서 실행해서 즐기는 기술입니다. 여기서 말하는 클라우드는 하늘에 떠 있는 구름이 아니라, 대형 데이터 서버 공간을 뜻하는 IT 용어입니다. 우리가 구글 드라이브에 파일을 저장하거나, 넷플릭스에서 영화를 보는 것도 모두 클라우드 기술을 기반으로 합니다.

영단어 Cloud는 고대 영어 clud에서 왔으며, 중세 영어에서는 '구름'이라는 의미로 확장되었어요. 이 단어가 정보 기술에서 사용되기 시작한 건 1980년대부터입니다. 당시에는 네트워크(인터넷)를 설명할 때 복잡한 통신망을 단순화하여 표현하기 위해 구름 모양의 아이콘을 사용했는데 사용자가 네트워크의 복잡한 구조를 쉽게 받아들이도록, 네트워크를 구름 모양의 그림으로 추상화한 것입니다. 이러한 이미지 표현 방식이 점점 일반화되면서, 인터넷을 통해 데이터를 저장하고 사용하는 모든 기술을 '클라우드 컴퓨팅'이라 부르게 되었습니다.

클라우드 게임 서비스의 가장 큰 특징은 기기에 구애받지 않고 '언제 어디서든, 어떤 기기에서든' 플레이가 가능하다는 점입니다. 클라우드 게임은 게임 자체를 내 기기에서 돌리는 것이 아니라, 멀리 떨어진 클라우드 서버에서 실행합니다. 마치 유튜브 영상을 보듯이, 사용자는 게임 화면을 스트리밍*으로 받아보며 플레이합니다. 클라우드 게임은 모든 게임 데이터가 클라우드 서버에 저장됩니다. 그만큼 기기 자체의 저장

스트리밍 : 음악, 영상, 게임 같은 디지털 콘텐츠를 실시간으로 받아서 바로 재생하는 기술입니다. 쉽게 말해, 파일을 전부 다운로드하지 않고도 보고 듣는 방식입니다.

공간이 절약되고, 기기 성능에 대한 부담도 줄어들게 되죠.

또한 많은 사람들이 귀찮아하는 '업데이트' 문제도 사라집니다. 기존에는 새로운 버전이 나올 때마다 게임을 다시 다운로드해야 하고, 설치 시간이 길어져 게임을 바로 시작할 수 없었습니다. 하지만 클라우드에서는 서버에서 모든 업데이트를 자동으로 처리하기 때문에 사용자는 언제 접속하든 가장 최신 버전의 게임을 즉시 즐길 수 있습니다.

하지만 클라우드 게임의 단점도 있습니다. 클라우드 게임은 게임 데이터를 실시간으로 스트리밍해서 즐기는 방식이기 때문에, 잠깐이라도 인터넷 속도가 느려지거나 끊기면, 화면이 멈추거나 반응이 늦는 경우가 있습니다. 이런 상황에서는 게임의 몰입감이 크게 떨어지고, 실력 발휘를 제대로 하기 어렵습니다. 특히 인터넷 환경이 좋지 않은 지역이나, 공공 와이파이처럼 접속자가 많은 네트워크에서는 클라우드 게임이 원활하게 작동하지 않을 수 있습니다. 또한 일부 농촌 지역이나 해외 저개발 국가에서는 고속 인터넷에 접속하기 어려운 경우도 많답니다.

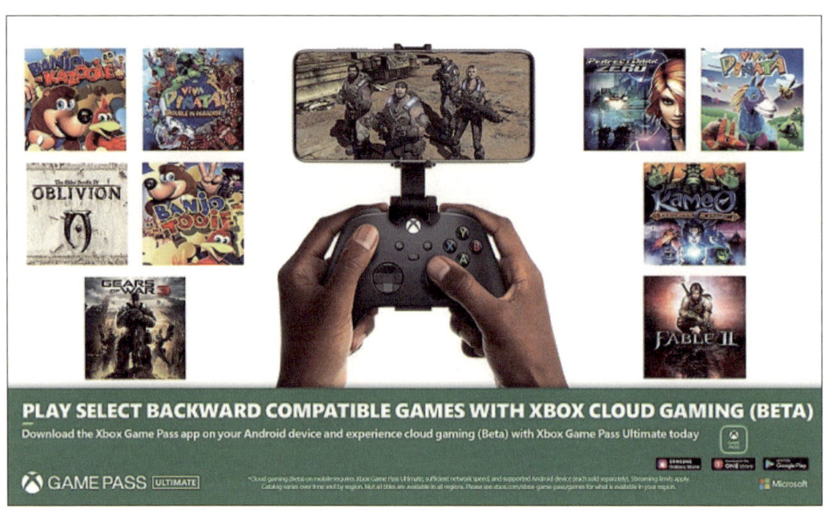

클라우드로 다양한 게임을 즐길 수 있게 해주는 엑스박스 게임패스.

인터넷을 기반으로 한 기술이 발전할수록, 모든 사람이 똑같이 그 혜택을 누릴 수 있는 것은 아닙니다. 이런 현상을 '디지털 격차(Digital Divide)'라고 불러요. 이는 기술이나 정보에 쉽게 접근할 수 있는 사람과 그렇지 못한 사람 사이의 격차를 의미합니다. '정보 취약 계층'에 속한 사람들은 최신 기술을 사용할 기회가 적습니다. 예를 들어 가정에 와이파이 환경이 잘 갖춰져 있지 않거나, 고성능 스마트폰이나 노트북을 사용할 수 없는 학생들은 클라우드 게임은 물론이고, 온라인 학습, 디지털 독서, 정보 탐색 같은 기본적인 활동조차 어려울 수 있지요.

디지털 격차를 해소하기 위해서는 모두가 인터넷과 기기를 공평하게 사용할 수 있는 환경을 만들어야 해요. 학교와 도서관에서는 무료 와이파이와 컴퓨터 대여 서비스를 제공하고, 지자체는 디지털 교육 프로그램을 운영해 주민들이 새로운 기술을 배울 기회를 늘릴 수 있어요. 기업과 정부는 저소득 가정에 저렴한 요금의 인터넷 상품과 보조금을 지원하고, 오래된 기기를 업그레이드해 줄 수 있는 제도를 마련할 수도 있을 거예요.

Cloud gaming lets you play video games on any device, anywhere, by streaming from powerful cloud servers. But if your internet is slow or crowded, the game can lag or freeze, making it hard to enjoy. Because not everyone has fast internet or modern devices, this "digital divide" can keep some people from using cloud gaming. To fix this, schools and libraries can offer free Wi-Fi, and governments can provide low-cost internet plans and upgrade programs so everyone can join the fun.

lag : 지연   freeze : 멈추다   digital divide : 디지털 격차

내 주변에서 인터넷이나 기기를 사용하기 어려운 사람은 누구일까요? 그리고 그들을 돕기 위해 내가 할 수 있는 일은 무엇일까요?

1. streaming (n.)

> **유사어** broadcasting
> **뜻** 게임 화면과 소리의 인터넷으로, 실시간으로 받아서 보는 것
> **예문** Cloud gaming uses streaming so you can play games without downloading them.
> (클라우드 게임은 스트리밍을 사용하여 게임을 다운로드하지 않고도 플레이할 수 있게 해준다.)
> **활용** ✓ streaming quality – 스트리밍 화질

2. latency (n.)

> **유사어** lag, delay, response time
> **뜻** 반응하기까지 걸리는 시간, 지연
> **예문** High latency can make cloud gaming feel slow or laggy.
> (높은 지연 시간은 클라우드 게임이 느리거나 버벅임이 발생하게 만들 수 있다.)
> **활용** ✓ reduce latency – 지연을 줄이다 ✓ low latency – 낮은 지연

3. server (n.)

> **유사어** data center, host
> **뜻** 게임을 실제로 실행하고, 화면을 보내주는 강력한 컴퓨터
> **예문** The game runs on a server and sends the video to your device.
> (게임은 서버에서 실행되어 비디오를 당신의 기기로 전송한다.)
> **활용** ✓ connect to a server – 서버에 연결하다

4. bandwidth (n.)

> **유사어** data capacity, internet speed
> **뜻** 한 번에 보낼 수 있는 데이터의 양
> **예문** You need enough bandwidth for smooth cloud gaming without buffering.
> (원활한 클라우드 게임을 위해 버퍼링 없이 충분한 데이터양이 필요하다.)
> **활용** ✓ high bandwidth – 높은 데이터의 양

5. subscription (n.)

> **유사어** membership, plan, service
> **뜻** 일정한 돈을 내고 서비스를 이용하는 것
> **예문** Most cloud gaming services require a subscription to play unlimited games.
> (대부분의 클라우드 게임 서비스는 무제한으로 게임을 하려면 구독이 필요하다.)
> **활용** ✓ monthly subscription – 월간 구독
> ✓ cancel a subscription – 구독을 취소하다

Game Publisher

게임 퍼블리셔

A game publisher helps bring video games to market by providing funding, marketing, and distribution support to game developers. Publishers often finance the development of a game, either by working with external studios or their own internal teams, and take on the financial risk in exchange for a share of future profits. They manage business tasks such as marketing campaigns, quality assurance testing, branding, and localization, ensuring the game reaches a wide audience and meets industry standards. Publishers also handle distribution, whether digitally or physically, and often provide expertise and resources to help developers complete and promote their games successfully.

🎙️ **게임 퍼블리셔라는 직업을 처음 알게 된 계기가 있나요?**

🐤 인디 게임 개발사에 다니는 친구가 만든 모바일 게임을 친구들에게 알린 적이 있어요. 직접 홍보 자료를 기획하고, 앱스토어에 등록하는 과정을 도와주면서 '아, 이 과정을 전문적으로 담당하는 사람이 있구나!' 하고 깨달았죠.

🎙️ **QA 테스트가 무엇이고, 이 과정에서 흔히 겪는 문제와 해결 방법은 무엇인가요?**

🐤 QA 테스트는 'Quality Assurance(품질 보증)'의 약자로, 게임을 출시하기 전에 버그나 오류가 없는지 시나리오대로 하나하나 확인하는 단계예요. 예를 들어 특정 버튼을 눌렀을 때 캐릭터가 벽에 갇히거나, 온라인 매치 중 네트워크가 끊겨서 게임이 종료되는 상황을 직접 재현해 보면서 문제를 찾아내는 거죠. 흔히 발생하는 이슈로는 서로 다른 스마트폰이나 태블릿에서 그래픽이 정상적으로 표시되지 않는 문제, 터치 입력 불일치, 네트워크 오류가 있어요. 이럴 땐 개발자가 코드를 수정하면, 다시 같은 환경에서 '재현→수정→테스트' 과정을 반복해 출시 일정을 다시 잡습니다.

🎙️ **게임을 출시한 뒤에는 어떻게 "잘됐다!"라고 판단하나요?**

🐤 단순 다운로드 수만 보는 건 부족해요. 일일 사용자 수(하루에 실제로 게임을 실행해 준 플레이어 수)와 유저당 평균 매출(한 명이 평균적으로 지출한 금액) 이 두 지표가 일정 수준 이상 유지돼야 장기적으로 사랑받는 게임이라고 볼 수 있어요.

🎙️ **'현지화(Localization)'가 정확히 무엇이고, 왜 그렇게 중요한가요?**

🐤 현지화는 게임 속 텍스트 · 음성 · 이미지 등 모든 요소를 목표 시장의 언어와 문화에 맞게 바꾸는 작업이에요. 현지화 QA 팀과 함께 자연스러운 표현으로 바꾸고 문화적 민감도를 사전에 검토해야 플레이어가 몰입감을 유지하며 게임을 즐길 수 있습니다.

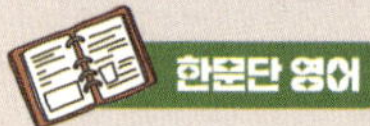 한문단 영어

클라우드 게임은 강력한 클라우드 서버에서 스트리밍으로 게임을 전송받아, 어떤 기기에서든 어디서든 게임을 할 수 있게 해 줘요. 하지만 인터넷이 느리거나 사용자가 많으면 게임이 끊기거나 느려져서 제대로 즐기기 어려워요. 빠른 인터넷이나 최신 기기를 모두가 갖추지 못해 생기는 '디지털 격차' 때문에 일부 사람들은 클라우드 게임을 이용하지 못할 수도 있어요. 이를 해결하려면 학교와 도서관에서 무료 와이파이를 제공하고, 정부에서는 저렴한 인터넷 요금제와 기기 업그레이드 프로그램을 마련해서 모두가 함께 즐길 수 있도록 해야 해요.

Career Snapshot

게임 퍼블리셔는 비디오 게임을 시장에 선보일 수 있도록 개발사에 자금을 지원하고, 마케팅과 유통을 도와주는 역할을 해요. 퍼블리셔는 외부 스튜디오나 자체 개발팀과 협력해 게임 개발 비용을 부담하고, 그 대가로 출시 후 수익 일부를 가져가죠. 마케팅 캠페인 기획, 품질 보증 테스트, 브랜딩, 현지화 작업 등 여러 비즈니스 업무를 관리해서 게임이 더 많은 사람에게 알려지고 산업 기준을 충족할 수 있도록 돕습니다. 또한 디지털 다운로드나 패키지 형태로 유통을 책임지고, 필요한 전문 지식과 자원을 제공해 개발사가 게임을 완성하고 성공적으로 홍보할 수 있도록 지원해 준답니다.

Cloud gaming
스트리밍 이야기

☑ 스트리밍(streaming)의 네 가지 기술

- **데이터 조각 기술:** 스트리밍은 영상을 아주 작은 단위로 잘게 나눠요. 덕분에 사용자는 원하는 데이터를 바로 재생해서 감상할 수 있어요.

- **버퍼링:** 버퍼링은 인터넷이 느려지더라도 영상이 멈추지 않도록 미리 데이터를 저장해 두는 임시 공간이에요. 미리 준비해 둔 데이터를 꺼내서 영상을 이어주는 거죠.

- **압축 기술:** 음악이나 영상은 원래 용량이 아주 커요. 스트리밍은 데이터를 최대한 작게 줄이는 압축 기술을 사용해요. 예를 들어, MP3는 음악 파일을 작게, H.264는 영상 파일을 작게 만드는 방식이에요.

- **화질 자동조절 기술:** 스트리밍은 사용자의 인터넷 속도가 빠르면 선명한 고화질로, 느려지면 끊기지 않도록 화질을 낮춰서 보여줘요.

☑ 넷플릭스와 스트리밍 혁명

넷플릭스는 영화와 드라마를 쉽게 볼 수 있는 유명한 플랫폼이죠. 넷플릭스는 원래 DVD를 빌려주는 우편 대여 서비스 회사였다가, 2007년에 당시 유행하던 스트리밍 기술을 영화와 드라마를 중심으로 한 콘텐츠 서비스에 적용했어요. 넷플릭스의 성공 이후, 콘텐츠를 소비하는 방식이 완전히 달라졌어요. 시청자들은 이제 원하는 시간, 장소, 기기에 따라 콘텐츠를 자유롭게 고를 수 있죠.

Hallucination
AI가 만들어 낸 엉뚱한 대답

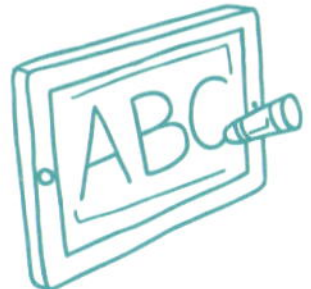

"이 책은 1963년에 출간되었습니다."

한 AI 챗봇이 자신 있게 책 정보를 설명합니다. 그런데 실제로 확인해 보니 그 책은 아예 존재하지 않는 책이었어요. 출판 연도는 물론이고 책 제목과 저자명도 거짓이었죠. 이처럼 AI가 실제처럼 말하지만, 사실은 전혀 근거 없는 정보를 말하는 경우를 일컫는 표현이 있어요. 바로 Hallucination(할루시네이션), 즉 AI의 환각 현상입니다.

AI에게 질문을 하면 항상 사실에 근거한 대답을 얻을 수 있는 것은 아니에요. AI는 진짜처럼 보이는 거짓말을 지어낼 수 있습니다. 신뢰성 있는

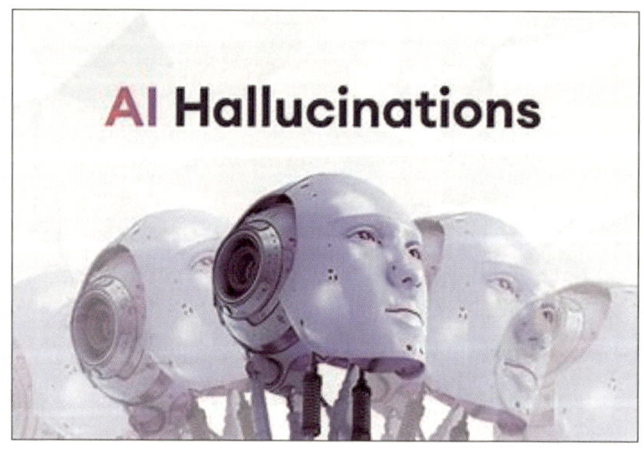

말투와 잘 다듬어진 문장 구조에 속아서, AI가 실수로 흘린 잘못된 정보를 진짜라고 믿으면 안 됩니다.

Hallucination은 원래 환각이나 환상을 뜻하는 말입니다. 의학이나 심리학에서는 현실에 존재하지 않는 것을 실제처럼 느끼는 현상, 예를 들어 보이지 않는 무언가가 보이거나 들리지 않는 소리가 들리는 상태를 말할 때 쓰는 용어이지요. AI는 인간처럼 경험이나 감정을 바탕으로 말하지 않습니다. 따라서 학습된 데이터가 부정확하거나 질문을 정확히 이해하지 못할 경우, 있지도 않은 사실을 '그럴듯하게' 만들어 말할 수 있어요. 그래서 과학자들과 개발자들은 AI의 이런 오답 현상을 hallucination이라고 불렀습니다. 이는 인간의 환각이 실제로 존재하지 않는 것을 감각적으로 경험하는 것과 유사하게, AI가 실제로 존재하지 않는 정보를 사실처럼 만들어 내는 오류를 뜻합니다.

이런 AI의 환각 현상은 단순히 웃고 넘길 문제가 아닙니다. 실제로 많은 사람들이 AI가 한 말을 믿고 실수하거나 곤란한 상황에 빠진 사례들이 있습니다. 예를 들어, 2023년 미국에서 한 변호사가 챗GPT가 만들어 낸 가짜 판례를 법원에 제출했다가 5,000달러의 벌금을 부과받은 적이 있어요. 또 항공사의 AI 챗봇이 실제로 존재하지 않는 환불 정책을 안내해 고객이 손해를 입은 일도 있지요. 이처럼 AI의 환각 현상은 실제로 금전적 손실, 법적 문제, 신뢰도 하락 등 심각한 결과를 초래할 수 있습니다.

할루시네이션의 피해를 막기 위해서는 AI가 생성한 답변을 사람이 직접 검토하고, 오류를 수정하거나 피드백을 제공하는 절차가 반드시 필요합니다. 이를 통해 AI의 성능을 지속적으로 개선해야 합니다. 또한, AI의 답변이 사전에 정해진 정한 규칙을 벗어나지 않도록 '검증 시스템'을 구축하는 것도 효과적입니다. 이 외에도 AI에게 '이런 정보는 포함하지 마라' '5년 이내의 정보만 사용하라' 등 명확한 제한 조건을 주는 프롬프트(prompting)* 기법을 활용하면 잘못된 정보를 줄일 수 있습니다.

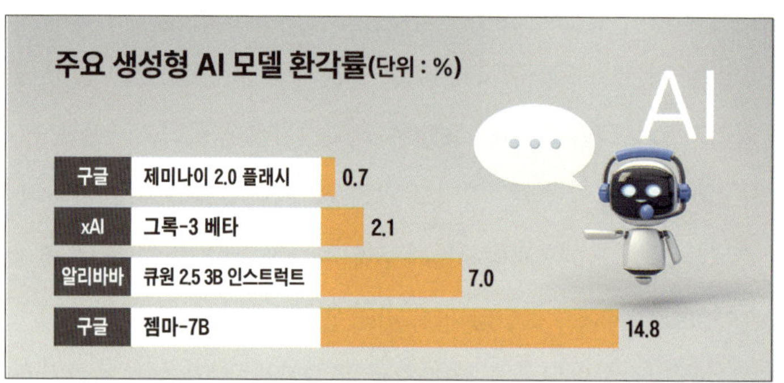

　　AI는 점점 더 똑똑해지고 우리 일상 속 깊숙이 들어와 있습니다. 이제는 정보를 찾을 때, 글을 쓸 때, 심지어 친구처럼 대화를 나눌 때도 AI가 함께하는 세상입니다. 하지만 그만큼 우리는 '똑똑한 AI의 말이니 다 맞겠지'라는 생각에 머물러 있어선 안 됩니다. AI의 대답이 아무리 매끄럽고 그럴듯해 보여도, 그 안에 실수가 숨어 있을 수 있다는 사실을 명심해야 합니다. 그렇기에 지금 우리가 해야 할 일은, 더 많이 질문하고, 더 깊이 따져보며, 진짜 정보를 스스로 가려내는 힘을 기르는 것입니다.

프롬프트(prompt) : AI에게 무엇을 하라고 요청하는 문장을 말합니다. AI는 이런 문장을 받으면 그에 맞는 답을 찾아주거나 창작물을 만들어 줍니다. 영어 단어 prompt는 원래 '재빠른' 또는 '즉각적인'이라는 뜻을 가진 형용사이지만, 동사로는 '행동을 유도하다'라는 의미를 지니고 있습니다. 프롬프트를 얼마나 정확하고 창의적으로 주느냐에 따라 AI가 내놓는 결과물의 질도 달라집니다.

Sometimes AI makes up facts that sound real, and this mistake is called a "hallucination." When you ask AI a question, it might give a confident answer even if it's wrong. That's because AI doesn't have true understanding—it just guesses based on what it learned. To stay safe, always check AI's answers with books or trusted websites, and ask a teacher or adult if you're not sure.

confident : 자신 있는   understanding : 이해   trusted : 믿을 수 있는

AI가 말한 내용을 그대로 믿고 사용했던 경험이 있나요? 예를 들어, 학교 숙제를 할 때나 발표 자료를 만들 때, AI가 알려준 정보를 사실 확인 없이 그대로 쓴 적은 없었나요?

1. bias (n.)

- **유사어** prejudice, unfairness
- **뜻** 한쪽으로 치우침
- **예문** Journalists must avoid bias in their reporting.
  (기자들은 보도에서 편견을 피해야 한다.)
- **활용** ✓ gender/racial bias – 성적/인종적 편향 ✓ show bias – 편견을 보이다
  ✓ reduce/eliminate bias – 편향을 줄이다

2. error (n.)

- **유사어** mistake, fault, inaccuracy
- **뜻** 실수
- **예문** An error in the AI's answer can confuse users.
  (AI의 답변에 오류가 있으면 사용자들이 혼란스러워할 수 있다.)
- **활용** ✓ correct an error – 오류를 고치다

3. confirm (v.)

- **유사어** certify, assure
- **뜻** 확인하다, 확정 짓다
- **예문** The airline confirmed our flight reservation yesterday.
  (어제 항공사가 우리의 항공편 예약을 확정해 주었다.)
- **활용** ✓ confirm a reservation/booking 예약을 확정하다
  ✓ confirm attendance 참석 여부를 확인하다

4. investigate (v.)

- **유사어** examine, probe, inspect
- **뜻** 조사하다, 수사하다
- **예문** The police are investigating the cause of the fire.
  (경찰은 화재 원인을 조사하고 있다.)
- **활용** ✓ investigate a case/incident – 사건을 조사하다
  ✓ thoroughly investigate 철저히 조사하다

5. uncertainty (n.)

- **유사어** doubt, unpredictability, ambiguity
- **뜻** 불확실성
- **예문** The uncertainty of the weather forecast ruined our outdoor plans.
  (일기 예보의 불확실성 때문에 우리의 야외 계획이 틀어졌다.)
- **활용** ✓ measure uncertainty – 불확실성을 측정하다

AI Ethics Researcher

AI 윤리 연구원

An AI Ethics Researcher ensures that artificial intelligence systems are developed and used responsibly, aligning with ethical standards, societal values, and legal requirements. They create ethical guidelines, assess AI technologies for risks like bias or unfairness, and work with developers, policy-makers, and other experts to promote fairness, transparency, and accountability in AI. Their responsibilities include evaluating AI projects for ethical concerns, developing policies and best practices, educating teams on ethical issues, and monitoring compliance with laws and industry standards. By identifying and addressing potential harms before they occur, AI Ethics Researchers help organizations build trustworthy AI systems that benefit society as a whole.

🎙️ **AI 윤리 연구자는 어떤 프로젝트에 참여하나요?**

😃 AI 윤리 연구자는 은행 대출 심사를 자동으로 처리하는 AI 프로그램이 특정 고객에게 불이익을 주지 않고 공평하게 작동하는지 검사합니다. 또 이력서를 자동으로 평가하는 채용 시스템이 성별이나 연령에 따른 차별 요소를 찾아내 개선 방안을 제시합니다. 의료 분야에서는 환자 개인정보를 안전하게 다루면서도 정확한 진단을 지원하는 AI 모델을 확인하고, 자율주행 차 프로젝트에서는 차량이 주행 중 윤리적·안전 규칙을 잘 지키는지 검증하죠. 이러한 모든 과정에서 데이터를 자세히 분석해 잠재적 위험을 평가하고, 구체적인 개선안을 마련한 뒤 최종 보고서를 작성하며 개발팀, 법무팀 등 관련 부서와 협력해 프로젝트를 완성합니다.

🎙️ **AI 시스템의 편향(bias) 문제는 무엇이고, 어떻게 찾아내나요?**

😃 편향이란 AI가 특정 집단이나 상황을 불공정하게 대하는 것을 말해요. 예를 들어, 얼굴 인식 모델이 피부색이 어두운 사람을 제대로 인식하지 못한다면 편향이 생긴 거죠. 이를 찾으려면 다양한 피부색·성별·연령대의 샘플을 모델에 입력해 보고, 성능 차이가 크게 나는지를 통계적으로 분석해야 합니다.

🎙️ **윤리 기준을 만드는 과정은 어떻게 되나요?**

😃 관련 법규와 국제 기준(예: OECD AI 원칙) 을 검토하고, AI 프로젝트 특성에 맞춰 '투명성, 공정성, 책임성' 같은 핵심 가치를 정해요. 그다음 개발팀·디자이너·법무팀과 워크숍을 열어 구체적인 행동 수칙을 문서화합니다.

가끔 AI는 진짜 같지만, 실은 잘못된 정보를 만들어 내는데, 이를 hallucination이라고 해요. AI에게 질문하면 자신 있는 답을 줄 수 있지만, 틀릴 수도 있어요. AI는 이해하는 것이 아니라, 배운 내용을 토대로 추측하기 때문이에요. 안전하게 사용하려면 AI의 답을 책이나 믿을 수 있는 웹사이트로 확인하고, 확실하지 않을 때는 선생님이나 어른에게 물어보세요.

Career Snapshot

AI 윤리 연구자는 AI 시스템이 책임감 있게 개발되고 사용되도록 돕는 사람이에요. 이들은 윤리 기준을 만들고, AI 기술이 편향이나 불공정 같은 문제를 안고 있지는 않은지 평가해요. 개발자나 정책 입안자, 다른 전문가들과 함께 공정성, 투명성, 책임성을 지킬 수 있는 방안을 모색하죠. 구체적으로는 AI 프로젝트에서 윤리적인 문제를 찾아내고, 그에 맞는 정책이나 모범사례를 마련하며, 팀원들에게 윤리 이슈에 대해 교육하기도 해요. 또 법규나 업계 기준을 잘 준수하고 있는지 확인하고 감시하는 일도 맡습니다. 잠재적인 위험을 미리 찾아내 해결함으로써 조직이 신뢰할 수 있는 AI 시스템을 구축하도록 돕는 거예요.

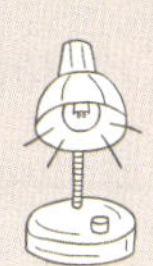

De-influencing
소비를 줄이는 새로운 문화

"이건 사지 마세요. 별로예요. 가격만 비싸고 효과는 없어요."

요즘 소셜 미디어에서 자주 볼 수 있는 리뷰 영상의 한 장면입니다. 예전에는 "이 제품은 꼭 사야 해요!" "완전 인생 아이템이에요!" 같은 말로 소비를 유도하는 콘텐츠가 인기를 끌었다면, 이제는 오히려 '사지 않아도 되는 이유'를 솔직하게 이야기하는 영상이 새로운 트렌드로 떠오르고 있습니다.

이러한 흐름을 De-influencing(디인플루언싱)이라고 부릅니다. De-influencing은 "꼭 필요하지 않은 물건은 사지 말자" "광고는 광고일 뿐, 진짜 내게 필요한 건 스스로 판단하자"와 같은 메시지를 전합니다. 단순한 유행이나 브랜드 로고보다, 자신만의 소비 기준을 만들고, 환경과 자원, 진정성을 고민하는 소비 태도가 주목받고 있습니다.

영단어 influence는 '영향을 주다'라는 뜻이고, influencer는 SNS에서 사람들에게 소비를 유도하는 유명인을 뜻합니다. 접두사 de-는 '~에서 벗어나다', '반대하다'는 의미를 갖습니다. 즉, de-influence는 '영향을 줄이거나 반대하는 것' 다시 말해 불필요한 소비로부터 스스로 거리를 디인플루언싱은 소비의 순간에 '잠깐 멈춰 생각하기'를 강조합니다. 다시 말해 소비하기에 앞서, 스스로에게 질문을 던지고 물건의 가치와 필요성을 생각하라고 말합니다.

"이미 비슷한 물건이 집에 있지는 않나?"
"이 제품이 나에게 필요한 이유는 뭘까?"

이런 흐름은 SNS 안팎에서 다양한 실천 운동으로도 확장되고 있습니다. 예를 들어, 'Project Pan'이라는 챌린지는 이미 가지고 있는 화장품을 끝까지 다 쓸 때까지, 새 제품을 사지 말자는  캠페인입니다. 영단어 pan은 프라이팬이라는 뜻이 아니라, 화장품 용기 바닥에 있는 금속판(pan)을 뜻합니다. 즉, 바닥이 보일 때까지 화장품을 써 보자는 의미이지요. 참고로, 화장품을 거의 다 써서 용기 바닥이 드러나 보이는 것을 영어로 'hit pan'이라고 표현합니다. 팬프로젝트의 참여자들은 SNS에 다 쓴 립밤, 다 써서 바닥이 보이는 화장품 통의 사진을 올리며, 디인플루언싱 소비 철학을 실천하고 있습니다.

패션 업계에도 유사한 움직임이 있습니다. 바로 'No Buy Year(1년 동안 옷 사지 않기)' 챌린지입니다. 이 캠페인은 1년 동안 새 옷을 사지 않고, 기존의 옷으로 패션 스타일링 해보자고 말합니다. 이러한 문화는 패스트패션*의 과소비 문제를 비판하며 많은 사람들의 공감을 불러일으켰습니다.

제품을 생산하는 회사들도 '무조건 많이 만들고 많이 팔자'는 전략에서 벗어나기 시작했습니다. 정말 필요한 제품을 만들고, 과대 포장은 줄이고, 재활용 용기를 확대하는 등의 지속 가능성을 내세운 마케팅 전략을 펼치고 있습니다. 예를 들어, 종이 포장재나 재생 플라스틱을 사용하기도 하고 공병을 반납하면 할인 쿠폰을 주는 리사이클링** 캠페인을 운영하기도 합니다. 한편, 소비자들도 점점 유명 브랜드나 유행을 무조건 따라 하기보다는 자신의 생활양식에 필요한 제품을 고르는 데 더 많은 관심을 기울입니다.

디인플루언싱은 지금 나에게 꼭 필요한 것이 무엇인지 스스로 묻고 선택하라고 말합니다. SNS 속 제품 추천 콘텐츠는 온통 화려한 이미지와 자극적인 말로 소비자의 감정을 자극합니다. 디인플루언싱은 무분별한 소비의 유혹에서 흔들리지 않는 판단기준을 세울 것을 강조합니다. 유행을 따라 하는 것이 아니라, 있는 그대로의 나도 충분히 멋지다는 자존감을 가져야 합니다. 자기가 정한 기준대로 원하는 방식의 삶을 살아가는 용기, 그것이 진짜 '멋'임을 잊지 맙시다.

패스트패션(Fast Fashion) : 최신 유행을 빠르게 반영해 저렴한 가격으로 대량 생산·유통하는 패션 산업을 말합니다. 대표 브랜드로는 ZARA, H&M 등이 있으며, 상품의 빠른 소비와 폐기로 인한 환경오염과 노동 문제 등 사회적 이슈를 일으키기도 합니다.

리사이클링(Recycling) : 한 번 쓰고 버린 물건을 다시 자원으로 되살려 사용하는 것을 말합니다. cycle이라는 단어는 '다시 돌아온다'라는 순환을 의미하고, re-는 '다시'라는 뜻입니다. 예를 들어, 플라스틱 물병을 모아 녹인 뒤 새로운 플라스틱 제품으로 만드는 것, 헌 옷을 수거해 재가공해 다른 섬유로 사용하는 것, 종이를 모아 다시 새 종이로 만드는 것이 모두 리사이클링입니다.

   De-influencing teaches us to **pause** and **question** every purchase. It asks, "Do I really need this?" and invites us to join fun challenges like "Project Pan" where we finish every product, or "No-Buy Year," where we wear only our own clothes for a year. Even brands are joining in by using **recycled packaging** and rewarding us for returning empty containers. This movement helps us buy less, reduce **waste**, and grow confidence by showing that we already have enough.

pause : 멈추다   question : 질문하다   recycled packaging : 재활용 포장
waste : 낭비

SNS에서 본 제품 광고나 친구의 추천을 보고, '나도 저거 갖고 싶다'라고 느껴 본 적이 있나요? 여러분은 그 제품이 정말로 필요해서 갖고 싶었던 건가요, 아니면 그 물건을 갖고 있는 다른 사람의 모습이 멋져 보여서 끌렸던 걸까요? 또 올바른 소비 습관을 기르기 위해서 실천할 수 있는 생활 속 규칙은 무엇일까요?

1. minimalism (n.)

- **유사어** simplicity, essentialism
- **뜻** 삶에서 꼭 필요한 것만 남기고, 불필요한 물건이나 생각을 줄이는 생활 방식
- **예문** Minimalism helps people focus on what's really important in life.
  (미니멀리즘은 사람들이 삶에서 진정으로 중요한 것에 집중하도록 돕는다.)
- **활용** ✓ practice minimalism – 미니멀리즘을 실천하다
  ✓ minimalism movement – 미니멀리즘 운동

2. sustainable consumerism (n.)

- **유사어** conscious consumption, ethical shopping, responsible buying
- **뜻** 환경과 사회에 미치는 영향을 생각하며, 자원을 아끼고 공정한 소비를 실천하는 태도
- **예문** Sustainable consumerism means buying products that are good for the planet and people.
  (지속 가능한 소비주의는 지구와 사람들에게 좋은 제품을 구매하는 것을 의미한다.)
- **활용** ✓ practice sustainable consumerism – 지속 가능한 소비를 실천하다

3. eco-friendly (adj.)

- **유사어** environmentally friendly, green
- **뜻** 환경에 해를 끼치지 않고, 지구를 보호하는 데 도움이 되는
- **예문** Eco-friendly products are made to have little or no harm to the environment.
  (친환경 제품은 환경에 거의 또는 전혀 해를 끼치지 않도록 만들어진다.)
- **활용** ✓ eco-friendly packaging – 친환경 포장

4. zero waste (n.)

- **유사어** waste-free, no waste
- **뜻** 쓰레기를 거의 만들지 않고, 모든 자원을 최대한 재사용하거나 재활용하는 생활 방식
- **예문** Zero waste living means trying not to throw anything away.
  (제로 웨이스트 생활이란 아무것도 버리지 않으려고 노력하는 것을 의미한다.)
- **활용** ✓ zero waste lifestyle – 제로 웨이스트 생활

5. biodegradable (adj.)

- **유사어** compostable, decomposable
- **뜻** 자연에서 쉽게 분해되어 환경을 오염시키지 않는
- **예문** Biodegradable packaging helps reduce waste and protect the earth.
  (생분해성 포장재는 쓰레기를 줄이고 지구를 보호하는 데 도움을 준다.)
- **활용** ✓ biodegradable materials/bag – 생분해성 소재/봉투

Consumer Psychology Researcher

소비자 심리 연구원

A consumer psychology researcher studies how and why people make decisions about buying products or services, focusing on the thoughts, feelings, and motivations behind consumer choices. They conduct research through surveys, focus groups, and observations to understand what influences purchasing behavior, such as culture, environment, advertising, and personal preferences. By collecting and analyzing data, they identify patterns and trends that help businesses improve products, marketing strategies, and customer experiences. Consumer psychology researchers often work with companies, advertising agencies, or universities, providing insights that guide product development, advertising campaigns, and brand strategies.

🎙️ **소비자 심리 연구에서 주로 보는 지표는 어떤 게 있나요?**

💬 구매 횟수, 재구매율, 고객 만족도 같은 '행동 지표'와 설문 응답에서 얻는 '감성 지표(즐거움ㆍ불만족도 점수 등)'를 함께 봐야 해요. 이 두 가지가 어우러질 때 소비자의 진짜 마음을 제대로 파악할 수 있거든요.

🎙️ **연구 결과를 기업에 제안할 때 중요한 팁이 있나요?**

💬 단순한 숫자 나열 대신, 소비자의 이야기를 함께 전달하세요. 예를 들어 'A 제품을 선택한 고객은 친구와의 추억을 떠올리며 구매했다'라는 이야기를 곁들이면 더 설득력이 높아요.

🎙️ **이 일을 하면서 가장 어려운 점은 무엇이었고, 어떻게 극복했나요?**

💬 소비자 의견이 너무 다양해 결론을 내기 어려울 때가 있어요. 그럴 땐 데이터를 세분화해 '20대 여성' '부모'처럼 그룹을 나눈 뒤, 각 그룹별 자료를 정리해 보면서 방향을 잡아요.

🎙️ **앞으로 소비자 심리 연구 분야에서 주목할 트렌드는 무엇인가요?**

💬 SNS 실시간 방송 판매나 짧은 영상 영상이 소비 결정에 미치는 영향이 커질 거예요. 실시간 댓글 반응과 구매 데이터를 결합한 '라이브 소비 심리 분석'이 새로운 연구 영역으로 떠오르고 있죠.

 한문단 영어

디인플루언싱은 무엇이든 사기 전에 멈추고 질문하라고 가르쳐요. "이게 정말 필요한가?"라고 스스로 묻고, 제품을 끝까지 사용하는 'Project Pan' 챌린지나 1년 동안 새 옷을 사지 않는 'No-Buy Year' 같은 재미있는 도전에 참여하게 해요. 브랜드들조차 재활용 포장을 사용하고 빈 용기를 돌려주면 보상을 해 줘요. 이 운동은 낭비를 줄이고, 우리가 이미 충분하다는 자신감을 키워 줍니다.

Career Snapshot

소비자 심리 연구원은 사람들이 왜 어떤 상품이나 서비스를 구매하는지, 구매 결정 뒤에 숨은 생각과 감정, 동기가 무엇인지 연구하는 사람이에요. 설문조사나 포커스 그룹, 관찰 같은 방법을 통해 문화, 환경, 광고, 개인 취향 등이 소비 행동에 어떤 영향을 주는지 알아보죠. 데이터를 수집·분석해서 구매 패턴과 트렌드를 찾아내면, 기업은 더 나은 제품을 개발하거나 마케팅 전략을 세우고, 고객 경험을 개선할 수 있어요. 소비자 심리 연구원은 주로 회사나 광고 대행사, 대학 등에서 일하며, 제품 기획이나 광고 캠페인, 브랜드 전략에 필요한 인사이트를 제공한답니다.

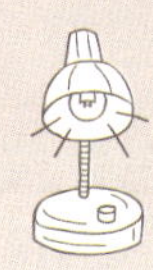

Green tech
환경을 살리는 똑똑한 기술

Word Story

독일의 프라이부르크는 '유럽의 태양 도시'로 불릴 만큼 태양광 발전과 에너지 자립에 앞서 있는 도시입니다. 시 전역에는 태양광 패널과 스마트 그리드 시스템이 설치되어 있어요.

프라이브루크는 핵발전소 건설 반대 과정에서 친환경 도시로 탈바꿈하게 되었다.

이 도시는 빌딩 옥상과 공공시설에 태양광 발전소를 마련하고, IoT* 기반의 에너지 관리 시스템으로 전력 낭비를 최소화합니다. 그 결과, 프라이부르크는 에너지 효율화와 재생에너지 확대를 통해 CO_2 배출량을 줄이는 데 성공했지요.

그린 테크(Green Technology)는 환경에 해로운 것을 최소화하고 자연을 보호하는 기술을 말합니다. 그린(Green)은 친환경을, 테크(Tech)는 기술(Technology)을 뜻하며, 태양광 · 풍력 같은 재생에너지 발전,

IoT(Internet of Things, 사물인터넷) : 인터넷에 연결된 다양한 기기들이 센서와 통신 모듈을 통해 스스로 데이터를 주고받고 처리함으로써, 사람이 조작하지 않아도 자동으로 최적의 상태를 유지하고 작동하는 기술입니다.

수소 에너지 기술은 물을 전기 분해해 얻은 수소를 연료로 사용해, 배기가스 없이 전기와 열을 생산하는 방식입니다. 대표적으로 수소 연료전지차나 발전소에서 쓰이는데, 수소는 태울 때 이산화탄소 대신 물만 배출해 청정 에너지원으로 주목받고 있어요. 일본과 유럽 일부 도시는 수소 버스와 트럭을 도입해 대기오염을 줄이고 있으며, 대규모 수소 충전소 건설을 통해 인프라를 넓히고 있지요. 다만, 수소의 생산과정에서 에너지 효율성 높이기, 저장·운송 비용 절감, 충전소 부족 문제 해결하기 등의 과제를 해결해야 한다는 숙제가 남아 있어요.

친환경 교통수단은 전기차, 수소차, 친환경 대중교통 시스템 등 화석연료를 사용하지 않거나 최소화해 온실가스 배출을 줄이는 교통 기술을 말합니다. 전기차는 배터리에 저장된 전기로 모터를 구동하며 주행 중 탄소 배출이 없고, 재생에너지로 충전하면 더 친환경적입니다. 수소차는 수소 연료전지에서 전기를 생산해 주행하며, 배출물은 물뿐이라서 역시 친환경적이에요. 또한 지능형 교통체계(ITS)*를 통해 버스·지하철 운행을 최적화하거나, 카셰어링·자전거·전동킥보드 공유 서비스처럼 승용차 이용을 줄이는 다양한 서비스도 그린테크에 포함됩니다. 이런 기술은 대기오염 감소와 에너지 효율 개선에 이바지하지만, 충전·충전 기반 구축 비용과 배터리·연료전지의 원료 확보 문제, 전력망의 안정성을 확보해야 하는 등 과제 해결이 필요합니다.

버려진 쓰레기나 플라스틱을 매립하지 않고, 연소·열분해·발효 같은 방법으로 에너지로 전환하거나, 기계·화학적 처리를 통해 원료로 재탄생시키는 기술도 있어요. 스웨덴은 폐기물의 약 50%를 화력발전소에서 연료로 사용해 전력과 지역난방에 활용해요. 국내에서도 음식물 쓰레기를 메탄가스로 발효해 발전에 쓰는 바이오가스 발전소가 운영 중입니다. 이러한 기술은 자원 낭비를 줄이고 온실가스 배출을 억제하는 동시에, 폐기물 처리 부담을 크게 낮춘다는 장점이 있어요. 하지만 대규모 설비 투자 비용과 처리 과정에서 발생하는 배출물 관리, 정확한 분리수거 시스템 구축 등의 과제 해결이 필요해요.

건물과 도시 전체에 센서, 자동화 시스템, 데이터 분석 플랫폼을 결합해 에너지 사용을 실시간으로 관찰함으로써 에너지 소비를 절감하는 방법도 있어요. 예를 들어, 싱가포르에서는 가로등, 교통신호, 빌딩 시스템에 설치된 센서가 온도·조도·교통량 자료를 수집해 자동으로 조명을 조절하거나 냉난방을 최적화해요. 이러한 방법으로 전력 사용량을 줄일 뿐 아니라, 교통 체증 해소와 대기질 개선 같은 도시 문제에도 효과를 보고 있지요. 이러한 지능형도시 기술은 그린테크의 핵심으로, 도시 공간을 보다 효율적·환경 친화적으로 바꾸는 데 중요한 역할을 합니다.

Green technology helps us make energy without hurting Earth. In Freiburg, solar panels on rooftops and smart grids let the city produce its own electricity and cut pollution. We also have hydrogen buses, electric cars, and special plants that turn trash into power. Cities like Singapore use sensors to dim streetlights and adjust air conditioning so we save even more energy. Big batteries store extra wind or sun power for when we need it most. These ideas mean cleaner air, less waste, and a healthier planet for everyone.

solar panel : 태양광 패널   hydrogen : 수소

여러분의 집이나 학교에서 실천할 수 있는 '친환경 기술'을 떠올려 보세요.
그 기술을 도입했을 때 여러분의 일상이나 우리 주변 환경이 어떻게 달라질지 상상해 봅시다.

1. solar (adj./n.)

유사어 solar energy, solar power
뜻 태양의, 태양열의
예문 Solar panels help homes make clean energy from sunlight.
(태양광 패널은 햇빛으로 가정에서 청정에너지를 생산하는 데 도움을 준다.)
활용 ✓ solar farm – 태양광 발전소 ✓ solar electricity – 태양광 전기

2. efficiency (n.)

유사어 performance, productivity
뜻 효율성
예문 New green tech makes cars and homes more energy efficient.
(새로운 친환경 기술은 자동차와 주택의 에너지 이용을 보다 효율적으로 만들어 준다.)
활용 ✓ improve efficiency – 효율을 높이다 ✓ energy efficiency – 에너지 효율

3. carbon footprint (n.)

유사어 emissions, environmental impact, CO2 output
뜻 탄소 발자국, 온실가스(특히 이산화탄소)의 양
예문 Using solar energy can lower your carbon footprint.
(태양 에너지를 사용하면 탄소 발자국을 줄일 수 있다.)
활용 ✓ reduce carbon footprint – 탄소 발자국을 줄이다
✓ carbon footprint calculator – 탄소 발자국 계산기
✓ carbon footprint reduction – 탄소 발자국 감소

4. purify (v.)

유사어 clean, filter, cleanse
뜻 정화하다
예문 Green tech can purify water to make it safe to drink.
(친환경 기술은 물을 정화하여 안전하게 마실 수 있도록 해준다.)
활용 ✓ purify air/waste – 공기/폐기물을 정화하다

5. innovate (v.)

유사어 invent, create, modernize
뜻 혁신하다
예문 Companies innovate to make greener products.
(기업들은 더 친환경적인 제품을 만들기 위해 혁신한다.)
활용 ✓ innovate technology – 기술을 혁신하다
✓ innovate in design – 디자인을 혁신하다

Renewable Energy Engineer

재생에너지 엔지니어

A renewable energy engineer designs, develops, and manages technologies that generate energy from eco-friendly sources like solar, wind, hydro, and geothermal power. They conduct site assessments and feasibility studies, create detailed project plans, and ensure projects meet environmental regulations and safety standards. Their work includes designing and testing equipment, optimizing energy systems for efficiency, and overseeing installation, operation, and maintenance of renewable energy projects. Renewable energy engineers also analyze costs and benefits, troubleshoot technical issues, and collaborate with teams of engineers, contractors, and stakeholders to deliver sustainable energy solutions.

🎤 **보통 하루 일과는 어떤가요?**

🐤 아침에는 현장 조사 보고서를 검토해요. 태양광 발전소나 풍력 터빈을 설치할 부지를 살펴보고, 지형 · 일조 · 시간 · 풍속 데이터를 확인하죠. 설계 도면을 수정하거나, 장비 제조업체와 기술 사양을 조율합니다. 또 시뮬레이션 소프트웨어로 발전 효율을 예측하거나, 현장 직원들과 화상 미팅하며 진행 상황을 점검해요.

🎤 **실제 프로젝트에서는 어떤 과정을 거치나요?**

🐤 예를 들어 태양광 발전소를 설계할 때, 먼저 부지의 일조량 지도를 분석해 하루 · 계절별 발전량을 예측하고, 최적의 패널 각도를 결정합니다. 또 토지 이용 허가 · 환경 영향 평가를 거쳐 장비 공급업체 선정과 설치 일정을 조율하죠. 설치 후엔 성능 테스트를 하고 실시간 발전량을 관찰해 예상치와 비교합니다.

🎤 **재생에너지 엔지니어로서 꼭 갖춰야 할 핵심 역량은 무엇인가요?**

🐤 공학적 분석력입니다. 에너지 흐름, 구조물 안정성, 전력망 연결 등 복합 데이터를 해석할 수 있어야 해요. 프로젝트 관리 능력도 필요합니다. 인허가, 예산, 시공 일정, 품질 관리 등 다양한 이해관계자를 조율해야 합니다.

🎤 **앞으로 재생에너지 분야에서 주목할 기술은 무엇인가요?**

🐤 배터리 저장 기술과 그린 수소가 중요해요. 배터리는 낮에 만든 햇빛 · 바람 전기를 모아 두었다가 쓸 수 있게 해주고, 그린 수소는 전력이 남을 때 물을 분해해 수소로 저장했다가 필요할 때 전기로 되돌리는 방식이에요. 이 두 가지가 함께 발전하면 전기 걱정 없이 깨끗한 에너지 시대가 도래할 겁니다.

그린테크는 지구를 해치지 않고 에너지를 만드는 기술이에요. 독일 프라이부르크에서는 지붕 위 태양광 패널과 스마트 그리드를 이용해 도시 전력을 스스로 생산하고 오염을 줄여요. 수소 버스와 전기차, 쓰레기를 전기로 바꾸는 발전소도 있어요. 싱가포르 같은 도시는 센서를 사용해 가로등 빛을 줄이고 에어컨을 자동 조절해 더 많은 에너지를 절약해요. 큰 배터리는 바람이나 태양으로 남은 전기를 저장했다가 필요할 때 쓰게 해 줘요. 이런 아이디어 덕분에 공기는 더 깨끗해지고 쓰레기는 줄어들며 지구가 더 건강해진답니다.

Career Snapshot

재생에너지 엔지니어는 태양광, 풍력, 수력, 지열 등 친환경 에너지원으로 전기를 생산하는 기술을 설계·개발하고 관리하는 사람입니다. 현장 조사를 통해 사업 가능성을 분석하고, 상세한 프로젝트 계획을 세우며 환경 규제와 안전 기준을 준수하도록 신경 써요. 이들은 장비를 설계하고 테스트하면서 에너지 시스템의 효율을 최적화하고, 재생에너지 프로젝트가 설치부터 운영, 유지보수까지 잘 진행되도록 감독하죠. 비용과 편익을 분석하고 기술적인 문제를 해결하며, 엔지니어, 시공업체, 이해관계자와 협업해 지속 가능한 에너지 해결책을 만들어 내는 일을 합니다.

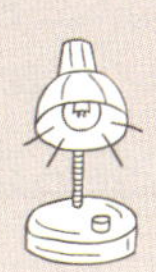

Digital detox
스마트폰 없이 하루를 살아볼까?

우리는 하루에도 수십 번 스마트폰을 확인해요. 아침에 눈을 뜨자마자 알람을 끄고 메신저를 확인하고, SNS 피드를 스크롤하고, 유튜브 영상을 틀기도 하지요. 친구와 대화 중에도 무의식적으로 스마트폰을 집어들 때가 많습니다. 우리의 눈과 손은 쉴 틈 없이 디지털 기기로 향합니다. 이런 현상을 두고 '디지털 좀비(Digital Zombie)'라는 말을 씁니다. 스마트폰이나 태블릿에 지나치게 몰입해 주변 환경이나 사람들과의 소통하지 않고, 무의식적으로 전자기기를 만지는 현대인을 빗댄 표현이지요. 건널목을 건널 때도 스마트폰 화면을 내려다보거나, 가족이 함께 모인 자리에서도 각자 스마트폰만 들여다보는 모습이 바로 디지털 좀비의 전형적인 예입니다.

만약 스마트폰 없이 하루를 산다면 어떨까요? 생각만 해도 불안하고, 뭔가 중요한 것을 놓치지는 않을지 두려운 감정이 드나요? 우선 생활에 많은 부분이 참 불편할 것 같다는 생각이 드는데요, 놀랍게도 전자기기를 의식적으로 멀리하기를 선택하는 일명 '디지털 디톡스(Digital detox)'를 실천하는 사람들이 점점 더 많아지고 있습니다.

Digital detox란 스마트폰, 컴퓨터, 소셜 미디어 같은 디지털 기기의 사용을 의도적으로 중단하거나 줄이는 것을 말합니다. 디톡스(detox)는 detoxification의 줄임말로, 원래는 몸속의 독소를 빼내는 해독을 뜻해요. 디지털 디톡스는 디지털 기기에 지나치게 의존하면서 생기는 정신적 피로와 스트레스를 줄이고, 삶의 균형을 회복하자는 메시지를 담고 있습니다.

연구에 따르면 2주간 디지털 디톡스를 실천한 사람은
항우울제에 준하는 수준의 행복감과 만족감 개선 효과를 보인 것으로 나타났다.

디지털 디톡스를 실천하는 사람들의 경험담에 따르면, 스마트폰을 사용하지 않기로 한 처음에는 손이 허전하고 생활에 불편을 느낀다고 해요. 특히, 많은 사람들이 'FOMO(Fear of Missing Out)'라는 두려움에 시달립니다. FOMO는 다른 사람들이 경험하는 즐거움이나 중요한 순간을 놓치지는 않을까 걱정하는 심리예요. 우리는 소외되지 않기 위해 끊임없이 스마트폰을 확인하고, 이는 불안과 스트레스가 증가하는 원인이 될 수 있습니다. 하지만 점차 디지털의 빈자리를 산책, 독서, 명상 등 오프라인 활동으로 채우면서 스트레스가 줄고, 에너지와 집중력이 오히려 더 높아졌다고 말합니다.

여러 연구에 따르면, 스마트폰과 소셜 미디어 사용 시간이 줄어들면 수면의 질이 향상되고, 스트레스 호르몬인 코티솔(cortisol) 수치가 낮아진다는 결과도 있습니다. 어떤 실험에서는 하루에 SNS 사용 시간을 30분으로 제한한 사람들에게서 수면의 질, 스트레스, 웰빙, 인간관계, 삶의 만족도가 눈에 띄게 향상되는 결과가 나타났어요.

디지털 디톡스는 기업 문화에도 영향을 주고 있습니다. 한 다국적 기업은 직원들의 디지털 피로도를 줄이기 위해 '스크린 프리' 시간, 명상 시간, 오프라인 워크숍 등을 도입했습니다. 그 결과 생산성, 몰입도, 스트레스에 긍정적 영향을 준다는 연구 결과가 있어요. 최근에는 학교에서도 '디지털 프리 존(Digital free zone)'을 지정해 스마트폰 사용을 제한하거나, 가족이 함께 하루 동안 모든 전자기기를 끄고 오프라인 활동을 즐기는 사례도 늘고 있지요.

그렇다면 디지털 디톡스는 어떻게 시작할 수 있을까요? 우선 알림을 꺼보세요. 자주 사용하는 앱을 삭제하거나, 집 안에 스마트폰 없는 구역을 만들어 보는 것도 좋습니다. 가족이나 친구와 함께 디지털 디톡스에 도전하면 훨씬 수월하고 재밌게 실천할 수 있을 거예요. 일주일에 하루, 혹은 하루 중 일정 시간만이라도 '디지털 디톡스 날'을 정해보세요. 그 시간 동안은 스마트폰 대신 산책, 글쓰기, 악기 연주, 가족과의 대화 등 평소에는 소홀했던 것들을 해보세요. 처음엔 불안하거나 지루할 수도 있고, 주변 소식을 놓치는 것 같아 초조할 수도 있죠. 하지만 불편함을 조금 견디다 보면, 작은 변화들이 어느새 우리 일상의 리듬을 바꿀 거예요. 스트레스와 불안이 감소하고 집중력이 향상되며, 수면 질이 개선될 것입니다. 또한 소홀했던 인간관계를 회복하고 무엇보다 디지털 기기에 빼앗긴 내 삶의 주도권을 되찾을 수 있을 겁니다.

A digital detox is a time when you **step away** from screens like phones, computers, and social media to help your mind relax. You might feel **restless** at first and worry you're missing something—that's called FOMO. But soon, many people find they sleep more deeply, feel **calmer**, and have more fun talking with family. You can begin by silencing **notifications** or creating a phone-free zone at home. Then pick one day—or even just one hour—each week as your digital detox time and enjoy offline activities like taking a walk, drawing, or playing music instead.

step away : 벗어나다   restless : 안절부절못하는   calmer : 더 차분한
notifications : 알림

여러분이 디지털 디톡스를 한다면, 어떤 활동을 하며 하루를 의미 있게 보내고 싶나요? 또한 디지털 디톡스를 실천하는 동안 어떤 어려움이 예상되며, 이를 어떻게 극복할 수 있을까요?

1. mindfulness (n.)

유사어 awareness, presence, attentiveness
뜻 지금, 이 순간에 집중하고 내 마음을 잘 살피는 것
예문 Practicing mindfulness helps you notice how much time you spend on your phone.
(마음 챙김을 실천하면 휴대전화에 얼마나 많은 시간을 쓰고 있는지 알아차리는 데 도움이 된다.)
활용 ✓ mindfulness practice – 마음 챙김 연습
✓ mindfulness meditation – 마음 챙김 명상

2. screentime (n.)

유사어 device time, digital time, screen use
뜻 스마트폰, 컴퓨터, TV 등 화면을 보는 시간
예문 Reducing screentime can make you feel happier and more relaxed.
(화면 사용 시간을 줄이면 더 행복하고 편안함을 느낄 수 있다.)
활용 ✓ limit/track screentime – 스크린 타임을 제한하다/기록하다

3. unplug (v.)

유사어 disconnect, log off, power down
뜻 (디지털 기기 · 인터넷 사용 등에서) 벗어나다, 연결을 끊다
예문 It's good to unplug from devices and spend time outdoors.
(기기 사용을 끊고 야외에서 시간을 보내는 것이 좋다.)
활용 ✓ unplug for a day – 하루 동안 기기를 끄다

4. wellbeing (n.)

유사어 health, happiness, wellness
뜻 몸과 마음이 모두 건강하고 행복한 상태
예문 A balanced diet and enough sleep are essential for overall well-being.
(균형 잡힌 식사와 충분한 수면은 전반적인 건강과 행복에 필수적이다.)
활용 ✓ mental/physical wellbeing – 정신적/신체적 웰빙
✓ improve wellbeing – 웰빙을 향상하다

5. retreat (n.)

유사어 getaway, escape, break
뜻 일상에서 벗어나 쉬거나 마음을 돌보는 시간 또는 장소
예문 He found peace in a mountain retreat far from the city.
(그는 도시에서 멀리 떨어진 산속 휴양지에서 평화를 찾았다.)
활용 ✓ weekend retreat – 주말 휴양지

Wellness Coach

웰니스 코치

A wellness coach helps people improve their overall well-being by supporting them in setting and reaching personal health and lifestyle goals. They work with clients to create customized plans that might focus on areas like nutrition, exercise, stress management, or work-life balance, and provide ongoing encouragement, motivation, and accountability. Wellness coaches use a holistic approach, considering the mind, body, and emotions, and help clients overcome obstacles to lasting change by using positive reinforcement and evidence-based strategies. They may work one-on-one or with groups, and often collaborate with other health professionals to ensure clients get the support they need.

🎙️ **웰니스 코치라는 직업을 처음 알게 된 계기가 뭐였나요?**

😃 저는 대학 시절 스트레스로 잠도 못 자고 식사도 불규칙해진 친구를 도우려고 간단한 생활 습관 계획을 짜 준 적이 있어요. 친구가 "덕분에 정말 편안해졌어!"라고 하더라고요. 그때 '내가 사람들 삶에 긍정적 변화를 줄 수 있구나' 하고 느끼면서 웰니스 코치를 꿈꾸게 되었죠.

🎙️ **웰니스 코치로 일하면서 가장 보람을 느낀 순간은 언제였나요?**

😃 평생 다이어트에 실패해 포기했던 한 분이 작은 목표부터 하나씩 달성해 나가는 과정을 지켜봤을 때예요. 처음에는 매일 10분 걷기도 힘들어하시던 분이었는데, 함께 식습관을 바꾸고 스트레스 관리 루틴을 만들며 3개월 만에 체지방이 8% 줄었고, 무엇보다 자신감을 되찾아 밝은 표정으로 운동을 즐기시는 모습을 보며 가슴이 뭉클했죠.

🎙️ **의뢰인이 의욕을 잃었을 때, 어떻게 동기 부여를 하나요?**

😃 저는 작은 성취에 집중하게 해 줘요. 예를 들어 "오늘 짧게라도 산책한 것 정말 잘했어요!"처럼 사소해 보이는 목표라도 칭찬하고 용기를 북돋아 줍니다. 작은 성취가 쌓이면 큰 변화를 만들어 내거든요.

🎙️ **앞으로 웰니스 코치 분야에서 주목해야 할 트렌드는 무엇일까요?**

😃 앞으로는 디지털 웰니스가 핵심이 될 거예요. 모바일 앱 기반 코칭이 더욱 보편화됩니다. 수면·운동·식단 등 생활 전반을 추적하고, 목표 달성률을 시각화해 주는 앱들이 이미 많지만, 앞으로는 이 데이터를 AI가 분석해 개인별로 최적화된 피드백을 실시간으로 제공할 수 있게 될 거예요.

 한문단 영어

디지털 디톡스는 스마트폰, 컴퓨터, 소셜 미디어 같은 화면에서 벗어나 마음의 긴장을 푸는 시간이에요. 처음에는 불안하거나 뭔가를 놓치는 것처럼 느껴질 수 있는데, 이를 'FOMO'라고 해요. 하지만 곧 많은 사람이 더 깊이 자고, 마음이 더 차분해지며, 가족과 이야기하는 시간이 더 즐거워졌다고 말해요. 알림을 꺼 보거나 집에 스마트폰 금지 구역을 만들어 보세요. 그런 다음 매주 하루 또는 단 한 시간만이라도 디지털 디톡스 시간으로 정해 산책하기, 그림 그리기, 악기 연주 같은 오프라인 활동을 즐겨 보세요.

Career Snapshot

웰니스 코치는 사람들이 전반적인 건강과 삶의 질을 높일 수 있도록 돕는 사람이에요. 이들은 고객과 함께 영양, 운동, 스트레스 관리, 일과 삶의 균형 같은 분야를 중심으로 맞춤형 계획을 세우고, 꾸준한 격려와 동기 부여, 책임감을 제공해요. 마음, 몸, 감정을 모두 고려하는 종합적인 접근방식으로, 긍정적인 피드백과 과학적 근거에 기반해 고객이 지속적인 변화를 이룰 수 있도록 지원하죠. 1:1로 만나기도 하고 그룹으로 진행하기도 하는데, 필요하다면 다른 건강 전문가들과 협업해서 고객이 필요한 지원을 받을 수 있게 돕기도 한답니다.

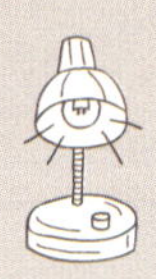

Word Quest 02

Across

② 복제는 가능하지만 소유권은 단 한 명에게만 있는 디지털 자산

⑥ 인공지능이 사실이 아닌 내용을 진짜처럼 만들어내는 현상

⑦ 현실과 비슷한 3차원 가상 공간에서 다양한 활동을 할 수 있는 세계

⑧ ______ detox : 전자기기 사용을 줄이고 휴식이나 자연 속에서 시간을 보내는 것

Down

① 불필요한 소비를 줄이도록 조언하거나 영향을주는 온라인 활동

③ 환경 보호와 에너지 절약을 위한 첨단 기술

④ ______ gaming : 인터넷만 있으면 별도의 게임기 없이도 게임을 즐길 수 있는 서비스

⑤ Generative ______ : 스스로 그림, 글, 음악 등을 만들어내는 인공지능

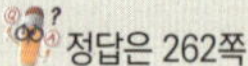정답은 262쪽

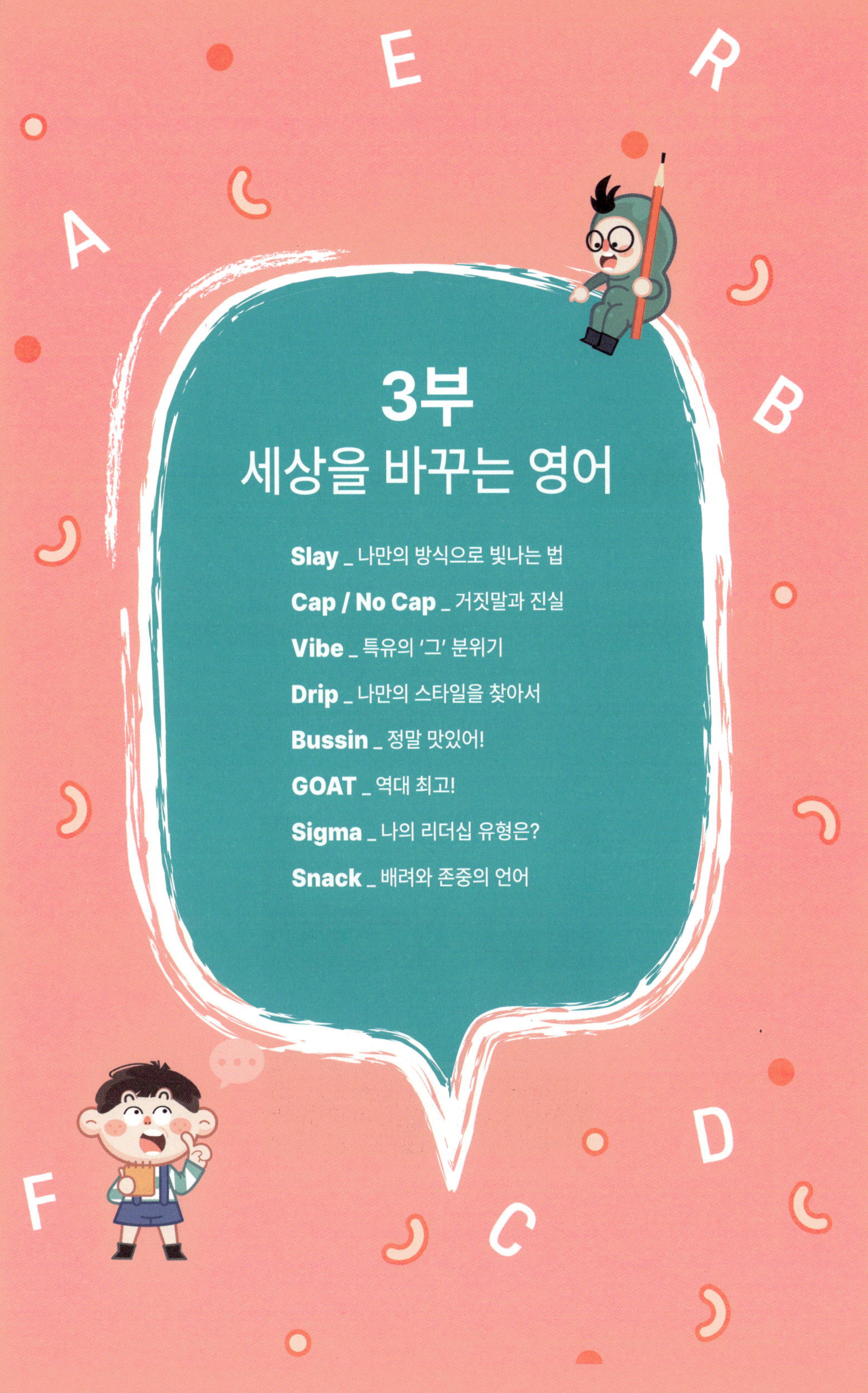

3부
세상을 바꾸는 영어

Slay _ 나만의 방식으로 빛나는 법

Cap / No Cap _ 거짓말과 진실

Vibe _ 특유의 '그' 분위기

Drip _ 나만의 스타일을 찾아서

Bussin _ 정말 맛있어!

GOAT _ 역대 최고!

Sigma _ 나의 리더십 유형은?

Snack _ 배려와 존중의 언어

Slay
나만의 방식으로 빛나는 법

"I slay, I slay, I slay."

2016년 2월 7일, 슈퍼볼 50 하프타임 쇼에서 비욘세의 강렬한 목소리가 울려 퍼졌습니다. 1억 1,550만 명이 넘는 전 세계 시청자들 앞에서 그녀는 'Formation'을 열창하며 무대를 압도했지요. 이 공연은 흑인 인권 운동을 지지하는 강력한 메시지로 해석되었고, 뜨거운 찬사와 논란을 동시에 불러일으켰어요.

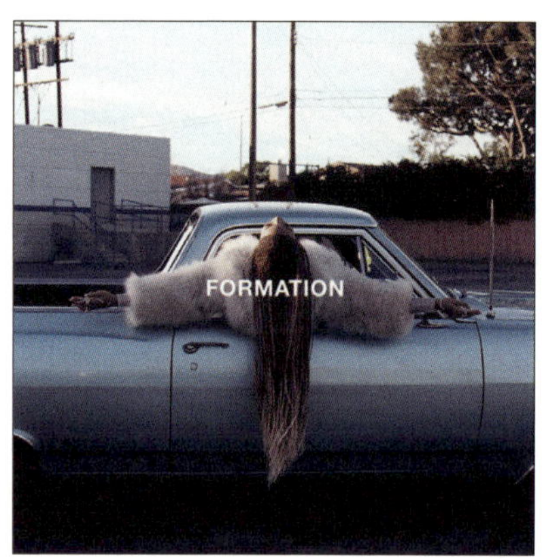

슈퍼볼 50 전날 발매된 비욘세의 싱글 앨범 'Formation'.

비욘세의 노래 Formation은 가사와 뮤직비디오 곳곳에서 흑인 문화를 지지하고, 인종차별과 경찰 폭력에 대한 비판의 목소리를 냈습니다. 특히 슈퍼볼 무대에서 그녀와 댄서들은 1960년대 흑인 인권 운동의 상징적 단체인 블랙팬더당(Black Panther Party)을 연상시키는 의상을 입고 등장했어요. 또한, 1968년 멕시코 올림픽에서 육상 선수 토미 스미스와 존 카를로스가 인종차별에 항의하며 선보인 '블랙 파워 샐루트(주먹을 들어 올리는 제스처)'를 재현하기도 했지요. 이 동작은 이후 세

블랙팬더당의 로고.

계적으로 인종차별과 억압에 대항하는 강력한 상징이 되었어요. 무대에서 댄서들이 'X'자 대열을 이루는 장면은 흑인 인권 운동 지도자 말콤X에 대한 오마주*로 해석됩니다.

Slay는 원래 '죽이다' '쓰러뜨린다'라는 뜻입니다. 하지만 1970~1980년대 흑인, 라틴계, 그리고 퀴어(성소수자) 커뮤니티에서 새로운 의미를 갖게 되었어요. 당시 이들은 사회적으로 심각한 차별과 편견에 맞서야 했고, 자신의 정체성을 드러내는 데 많은 사회적 제약이 있었어요. 하지만 이런 억압 속에서도 그들은 자신만의 방식으로 자부심과 개성을 표현하는 문화를 만들어 나갔습니다. '멋지게 해내다'라는 의미의 Slay는 자신감을 표현하는 긍정적 메시지를 담고 있어요.

오마주 : 어떤 예술 작품에서 다른 작가나 작품을 존경하거나 기리는 마음을 담아 그 스타일이나 장면, 내용을 비슷하게 표현하는 것입니다. 영화, 음악, 그림, 드라마 등에서 자주 쓰이며, 표절과는 달리 '존중'을 바탕으로 하는 창작 표현입니다.

Slay는 소셜 미디어에서 패션이나 스타일을 칭찬할 때 자주 사용됩니다. 친구가 멋진 옷을 입고 등장했을 때 "너 오늘 의상 진짜 멋있다! Slay, girl!"이라는 댓글이 달리기도 합니다. 누군가 자신의 분야에서 뛰어난 성과를 보여줄 때도 "You slay!"라고 말할 수 있어요. 예를 들어, 가수가 무대에서 멋진 퍼포먼스를 펼쳤다면 "You slayed that performance!"라고 찬사를 보내는 거죠.

오늘날 개인의 재능과 관심사는 자기 계발을 개인적인 영역을 넘어 사회를 변화시키는 힘이 될 수 있습니다. 예술, 스포츠, 학업 등 다양한 분야에서 뛰어난 성과를 내는 것은 개인의 성장에 그치지 않고, 더 나아가 사회에 긍정적인 영향을 미칩니다. 그림에 소질이 있는 학생이 지역 사회의 문제를 알리는 벽화 프로젝트를 진행한다고 가정해 볼게요. 학생이 그린 벽화는 단순한 미술 작품을 넘어 사람들에게 중요한 메시지를 전달하는 표현의 창구가 될 수 있어요. 또, 환경문제에 관심이 많은 학생이 창의적인 재활용 제품을 개발하여, 지속 가능한 미래를 위한 실질적인 해결책을 제시할 수도 있겠지요. 운동을 좋아하는 친구가 경제적 취약 계층 아이들을 위한 무료 스포츠 프로그램을 기획하여, 건강한 삶을 살도록 도울 수 있어요.

사회를 변화시키는 것은 거창한 일이 아닙니다. 내가 가진 작은 능력을 활용해 주변에 긍정적인 영향을 미칠 때, 그것이 바로 '세상을 바꾸는 위대함의 시작'입니다. 당당하게, 자신감 있게, 그리고 멋지게 slay한 여러분의 모습을 기대합니다.

At **Super Bowl** 50 in 2016, Beyoncé sang "Formation" for over 115 million people, wearing outfits that **honored** Black history and power. Her shout of "I slay" came from a word Black and queer **communities** used to mean "you did amazing!" Now we say "You slay!" when someone shows great style or talent. Just like Beyoncé used her voice to **inspire** change, you can "slay" by using your own gifts—whether it's art, sports, or helping others—to make your world a better place.

Super Bowl : 미식축구 결승전   **honor** : 기리다   **community** : 공동체
inspire : 영감을 주다

여러분이 존경하거나 멋지다고 느낀 사람은 누구였나요? 그 사람의 어떤 점이 진짜 slay하다고 생각하나요?

1. conquer (v.)

유사어 defeat, overcome, triumph
뜻 완전히 이기다, 정복하다
예문 She conquered her fears and gave a great performance.
(그녀는 두려움을 극복하고 훌륭한 공연을 선보였다.)
활용 ✓ conquer a challenge – 도전을 이겨내다
✓ conquer the stage – 무대를 장악하다

2. crush (v.)

유사어 overwhelm, beat, demolish
뜻 상대를 완전히 이기다, 박살을 낸다
예문 Our team crushed the other side in the finals.
(우리 팀은 결승에서 상대 팀을 완전히 꺾었다.)
활용 ✓ crush the opponent – 상대를 박살내다
✓ crush the test – 시험을 완벽하게 보다

3. fierce (adj.)

유사어 intense, powerful, bold
뜻 강렬하고 멋진, 사나운
예문 She looked fierce in her new outfit.
(그녀는 새 옷을 입고 당당하고 강렬해 보였다.)
활용 ✓ fierce competitor – 강력한 경쟁자 ✓ fierce attitude – 강렬한 태도

4. unstoppable (adj.)

유사어 invincible, unbeatable, relentless
뜻 멈출 수 없는, 막을 수 없는
예문 She's unstoppable when she puts her mind to something.
(그녀는 무언가를 하기로 결심하면 누구도 막을 수 없다.)
활용 ✓ unstoppable force – 막을 수 없는 힘

5. outshine (v.)

유사어 surpass, eclipse, overshadow
뜻 다른 사람보다 더 빛나다, 더 뛰어나 보이다
예문 She always outshines everyone on stage with her energy.
(그녀는 무대에서 항상 남들보다 더 빛난다.)
활용 ✓ outshine in class – 반에서 두각을 나타내다
✓ outshine with confidence – 자신감으로 빛나다

Stylist

스타일리스트

A stylist helps people look their best by choosing clothing, accessories, and hairstyles that suit their personality, body type, and the occasion. They work with clients to understand their needs and preferences, then create outfits or looks that highlight their strengths and boost their confidence. Stylists often keep up with the latest fashion trends, shop for clothing and accessories, and may organize wardrobes or prepare clients for events, photo shoots, or public appearances. They can work with individuals, celebrities, magazines, or brands, and sometimes collaborate with photographers, makeup artists, and designers.

🎙️ **스타일 트렌드를 파악하려면 어떤 채널을 활용하나요?**

😀 인스타그램·틱톡에서 인기 해시태그를 분석해요. 또 패션 위크 영상 클립을 틈틈이 봐요. 패션 매거진 웹사이트의 'Editor's Picks' 부분을 주기적으로 표시하면 최신 트렌드를 놓치지 않으려고 합니다.

🎙️ **실제 코디를 제안할 때 가장 신경 쓰는 포인트는 무엇인가요?**

😀 체형과 피부색에 맞는 실루엣과 색채 조합을 가장 중요하게 봐요. 예를 들어 고객이 어깨가 넓다면 상의는 어깨선을 부드럽게 감싸 주는 디자인으로, 피부색이 쿨톤이면 파스텔 색조나 회색 계열로 매칭해요.

🎙️ **스타일리스트가 되기 위해 어떤 전공이나 공부를 하면 좋을까요?**

😀 패션 업계 진입을 위해 필요한 전공은 '패션 디자인'이나 '의류학'이에요. 이 학과에서는 옷의 소재, 패턴 구성, 재봉 기법부터 컬렉션 기획, 트렌드 분석까지 배울 수 있죠. 여기에 '색채학'이나 '시각디자인'을 복수 전공하면, 코디할 때 색상·구성 감각을 더 키울 수 있어요. 또 '인체공학'을 배우면 체형별 핏과 움직임을 고려한 스타일링이 쉽죠. '심리학'이나 '커뮤니케이션학'을 공부하면 고객과 소통하는 데 도움이 됩니다. 디지털 시대를 준비하려면 '패션 마케팅'이나 디지털미디어 강의로 소셜 미디어 전략, 사진·영상 편집, 온라인 브랜드 관리 방법을 익히는 것도 추천해요. 전공 선택 시, 옷 자체를 다루는 실무 지식과 의사소통, 디지털 역량을 골고루 갖추면 스타일리스트로서 경쟁력을 높일 수 있습니다.

 **한문단 영어**

2016년 슈퍼볼 50에서 비욘세는 약 1억 2,000만 명의 시청자들 앞에서 'Formation'을 부르며 흑인 역사를 기리는 옷을 입었어요. 그녀의 "I slay!"라는 외침은 '멋지게 해냈다'라는 뜻으로, 흑인과 퀴어 공동체에서 쓰던 말이에요. 누군가 멋진 스타일이나 재능을 보여주면 "You slay!"라고 말해요. 비욘세처럼 여러분도 예술이나 운동, 다른 사람 돕기 같은 자신만의 재능으로 세상을 더 좋은 곳으로 만드는 방식으로 'slay' 할 수 있답니다.

Career Snapshot

스타일리스트는 사람의 성격, 몸매, 그리고 상황에 맞춰 옷, 액세서리, 헤어스타일까지 골라서 가장 멋지게 보이도록 도와주는 사람이에요. 고객의 필요와 취향을 파악한 뒤, 그 사람의 장점을 살리고 자신감을 북돋아 줄 수 있는 코디나 스타일을 제안하죠. 스타일리스트는 최신 패션 경향을 꾸준히 체크하고, 옷이나 액세서리를 직접 쇼핑하기도 해요. 때로는 옷장을 정리해 주거나 이벤트, 화보 촬영, 공개 석상 참석을 앞둔 고객을 위해 미리 준비하기도 합니다. 개인 고객은 물론 연예인, 잡지사, 브랜드와 함께 일하기도 하고, 사진작가나 메이크업 아티스트, 디자이너와 협업하기도 해요.

Cap/No Cap
거짓말과 진실

영어권 청소년과 젊은 세대 사이에서 Cap/No Cap이라는 표현이 일상적으로 널리 사용되고 있어요. Cap은 과장, 허풍, 거짓말을 의미하고, no cap은 "진짜야" "거짓말 아냐"라는 뜻으로 쓰입니다. 이 용어들은 주로 소셜 미디어, 랩 가사, 친구들 간의 대화에서 자주 등장하며, 특히 2010년대 후반 이후 미국 대중문화와 인터넷 밈으로 빠르게 퍼지고 있습니다.

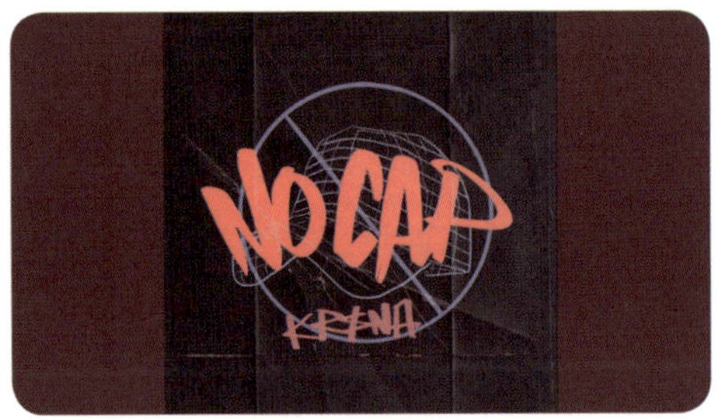

이 표현은 미국 남부 지역에서 사용되던 아프리카계 미국인 영어에서 비롯했어요. 2018년 미국 유명 힙합 그룹이 발표한 곡 'No Cap'이 큰 인기를 끌면서, 청소년들은 트위터 해시태그나 틱톡 챌린지를 통해

#NoCap을 달며 "진짜야, 거짓말 아냐!"라는 뜻의 메시지를 주고받게 되었어요.

영어권 청소년과 인터넷 문화에서는 진실과 거짓을 이분법적으로 구분하는 다양한 속어와 표현이 있어요. facts는 '사실, 진실'을 뜻하고, fake나 sus(suspicious)는 '가짜, 수상한'이라는 의미입니다. Legit은 '진짜의, 믿을 만한'이라는 뜻이고, for real도 진실을 강조할 때 쓰는 표현입니다. 이처럼 영어권에서는 진실과 거짓, 사실과 허위, 신뢰와 의심을 간단한 단어와 구어체 표현으로 구분하여, 생각과 정보를 효과적으로 전달하고 있습니다.

언어는 우리가 세상을 이해하고 관계를 맺는 창입니다. 10대 사이에서 'cap/no cap' 표현이 빠르게 확산한 것은, 짧고 명확하게 진실을 확인하고 싶어 하는 욕구가 반영된 결과일 것입니다. 그러나 단순한 이분법의 논리로 무엇이 옳고 그른지 가려내는 것은 사실 매우 위험합니다.

현실 속 이야기에는 회색지대가 존재합니다. 우리 삶에서 일어나는 모든 이야기가 흑 아니면 백으로 딱 나뉘는 것은 아니란 말이지요. 사람마다 자라온 배경과 기분, 가치관이 모두 달라서, 똑같은 말이나 행동도 각자 전혀 다른 의미로 받아들일 수 있습니다. 심지어 같은 상황에서라도 사람에 따라 말의 무게가 다르게 느껴지고, 말투나 표정, 주변 환경까지 더해지면 해석의 폭은 훨씬 넓어집니다. 이런 '회색지대'가 있기 때문에 우리는 대화를 나눌 때 상대의 말 뒤에 숨은 감정과 맥락을 살펴야 하고, 쉽게 '진짜'와 '거짓'을 구분하기보다 서로의 경험을 이해하려는 노력이 필요합니다.

　진실을 강조한다며 소셜 미디어상에서 상대를 공격하거나 불신을 조장하는 부작용도 발생할 수 있습니다. 이런 공격적인 태도는 사소한 오해에서 시작해 댓글 전쟁으로 번지거나, 결국 친구 관계에도 안 좋은 영향을 줄 수 있어요. 따라서 우리는 진실을 중시하되, 그 표현이 누군가를 곤란에 빠뜨리는 도구가 되지 않도록 주의해야 합니다. 말 한마디로 상대를 단정 짓기보다, 그 이면에 상대가 처한 상황과 감정을 먼저 헤아리는 배려가 필요합니다.

Teens say "cap" to call out lies and "no cap" to show they're serious. Now you see #NoCap on TikTok and Twitter when people want to prove they're telling the truth. But simply shouting "That's cap!" can hurt feelings by jumping to conclusions. Words don't always fit into "true" or "false" because everyone's life and feelings are different. It's kinder to ask questions and listen first instead of labeling someone's words as a lie.

cap : 거짓말　　prove : 증명하다　　conclusion : 결론　　instead : 대신에

'cap'과 'no cap'처럼 진실과 거짓을 빠르게 구분하는 언어가 10대들 사이에서 널리 퍼지면서, 대화의 신뢰도와 소통 방식에도 변화가 생기고 있어요. 이런 신조어가 사회 전반에 확산할 때, 사람들은 정보를 더 쉽게 판별할 수 있게 될까요? 아니면 오히려 진실과 거짓의 경계가 더 모호해질 위험도 있을까요? 여러분은 이러한 언어의 유행이 사회에 어떤 영향을 줄 것으로 생각하나요?

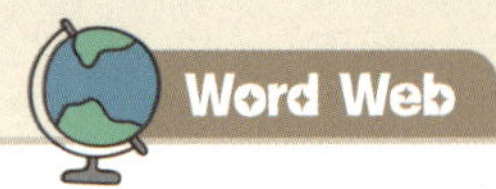

1. exaggerate (v.)

유사어 overstate, embellish, amplify
뜻 과장하다
예문 He tends to exaggerate his stories to make them more interesting.
(그는 이야기를 더 재미있게 하려고 자주 과장한다.)
활용 ✓ greatly exaggerate - 크게 과장하다

2. deceive (v.)

유사어 pretend, fake
뜻 속이다, 기만하다
예문 He deceived me with his smooth talk.
(그는 매끄러운 말솜씨로 나를 속였다.)
활용 ✓ deceive someone into doing something - 누군가를 속여 ...하게 만들다

3. mislead (v.)

유사어 misinform, misguide
뜻 오도하다, 잘못된 정보를 주어 속이다
예문 Don't be misled by his confident tone.
(그의 자신감 있는 어조에 속지 마라.)
활용 ✓ mislead the audience/public – 청중/대중을 오도하다

4. brag (v.)

유사어 boast, show off, flaunt
뜻 자랑하다, 뽐내다
예문 He likes to brag about his video game scores.
(그는 비디오 게임 점수를 자랑하는 걸 좋아한다.)
활용 ✓ brag about – ~에 대해 자랑하다

5. fake (adj./n./v.)

유사어 false, pretend, not real
뜻 가짜의, 가짜, 속이다
예문 She bought a fake designer bag to save money.
(그녀는 돈을 아끼려고 가짜 명품 가방을 샀다.)
활용 ✓ fake a story – 이야기를 꾸며내다
✓ fake smile – 가짜 미소

Social Media Manager

소셜 미디어 매니저

A social media manager develops and implements strategies to build and maintain a brand's online presence across platforms like Instagram, Facebook, and Twitter. They create and share engaging content—such as posts, photos, and videos—monitor audience interactions, and respond to comments or questions to foster a strong online community. Social media managers analyze performance data, track trends, and schedule posts and optimize campaigns for better engagement and reach. They collaborate with marketing, design, and customer service teams to ensure brand consistency and may manage paid advertising, influencer partnerships, and crisis communications.

🎙️ **일할 때 어떤 지표를 가장 중요하게 보나요?**

😄 '참여율'과 '도달률'이 핵심이에요. 좋아요 · 댓글 · 공유 수로 측정되는 참여율은 사람들이 내 콘텐츠에 얼마나 반응했는지, 도달률은 실제 몇 명이 게시물을 봤는지를 알려주기 때문에 콘텐츠 전략을 조정하는 기준이 됩니다.

🎙️ **부정적 댓글이 많을 때는 어떻게 대응하나요?**

😄 우선 상황을 진단해 핵심 불만을 파악하고, 공식 답변을 만들어 빠르게 대응해요. 댓글마다 일일이 반응하기보다 개인적으로 구체적인 해결책을 제시합니다.

🎙️ **소셜 미디어 매니저가 되기 위해 어떤 전공이 도움이 될까요?**

😄 '커뮤니케이션, 미디어학과'가 가장 일반적이고 '광고홍보학'이나 '경영학(마케팅 전공)'도 좋아요. 디지털 콘텐츠 제작 역량을 키우려면 '디지털미디어' 수업이나 '그래픽 · 영상 편집' 과목을, 데이터 분석 역량을 높이려면 '통계학' 강의를 수강해 두면 훨씬 유리합니다.

🎙️ **이 직업에 필요한 핵심 역량 세 가지는 무엇인가요?**

😄 우선 콘텐츠 기획력이 중요합니다. 팔로워가 흥미를 느낄 주제를 발굴해 일관된 콘텐츠를 제작할 수 있어야 합니다. 둘째, 데이터 해석 능력이 필요해요. 각종 지표를 분석해 전략을 세우고, 결과를 개선할 수 있는 능력이 필수죠. 신속한 대응력도 중요합니다. 실시간 트렌드에 맞춰 즉각적으로 콘텐츠를 수정하고 배포할 수 있는 유연함이 필요합니다.

 한문단 영어

10대들은 거짓말을 지적할 때 'cap'이라고 말하고, 진짜라는 뜻으로 'no cap'을 사용해요. 지금은 틱톡과 트위터에서 진실을 강조할 때 #NoCap 해시태그를 달아요. 하지만 "That's cap!"이라고 단정하면 친구의 감정을 상하게 할 수 있어요. 사람마다 삶과 감정이 다르므로 말이 항상 진실 아니면 거짓으로만 나뉘지는 않거든요. 누군가의 말을 바로 거짓이라고 단정하기보다, 먼저 질문하고 귀 기울여 듣는 것이 더 다정한 방법이에요.

Career Snapshot

소셜 미디어 매니저는 인스타그램, 페이스북, 트위터 같은 플랫폼에서 브랜드의 온라인 존재감을 키우고 유지하기 위한 전략을 세우고 실행하는 사람이에요. 게시물, 사진, 동영상 같은 흥미로운 콘텐츠를 만들고 공유하며, 팔로워들의 반응을 모니터링하고 댓글이나 질문에 답하면서 온라인 커뮤니티를 탄탄하게 만들어가죠. 또한 성과 데이터를 분석하고 트렌드를 파악해 게시물을 예약하고 캠페인을 최적화해서 더 많은 참여와 도달을 끌어내요. 마케팅, 디자인, 고객 서비스팀과 협업해 브랜드 일관성을 유지하고, 필요할 땐 유료 광고나 인플루언서 협업, 위기 대응 커뮤니케이션도 관리합니다.

Vibe
특유의 '그' 분위기

　　미국의 록밴드 비치 보이스의 1966년 히트곡 'Good Vibrations'는 흥겨운 멜로디와 밝고 긍정적인 메시지로 큰 인기를 끌었습니다. 이 노래는 사랑하는 사람과 함께할 때 느끼는 설렘과 행복, 그리고 긍정적인 에너지가 우리 삶을 더욱 특별하게 만들어 준다는 메시지를 담고 있는데, 특히 'good vibes'라는 가사가 전 세계적으로 널리 알려지는 계기가 되었지요.

I love the colorful clothes she wears
(난 그녀가 입는 알록달록한 옷들을 좋아해)

And the way the sunlight plays upon her hair
(그리고 햇살이 그녀의 머리카락을 비추는 모습도 좋아)

I'm pickin' up good vibrations
(나는 좋은 분위기를 느끼고 있어)

Gotta keep those lovin' good vibrations a-happenin' with her
(그녀와 함께 이런 사랑스러운 좋은 분위기가 계속되길 바라)

Vibe란 눈에 보이지 않는 빛 · 소리 · 향기 · 공간의 기운이 어우러져 우리 감정을 살며시 흔드는 고유한 분위기를 뜻해요. 따뜻한 햇살이 창가를 타고 들어오고 잔잔한 재즈 선율이 공간을 부드럽게 감싸며, 커피 향과 오래된 가구의 나무 냄새가 함께 어우러지는 장면을 상상해 보세요. 바로 이럴 때, 'good vibe'라는 말을 쓸 수 있습니다. Vibe는 물리적인 환경뿐만 아니라 사람의 태도, 표정, 심지어는 어떤 상황에서 느껴지는 감정적 흐름까지 포함해요. 예를 들어, 상냥하고 친절한 사람이 풍기는 따뜻한 vibe, 시험을 앞둔 교실 속에 흐르는 조용하고 긴장감이 감도는 vibe도 있습니다.

라틴어 vibrare(진동한다)에서 파생한 이 단어는 미국 재즈 뮤지션들이 재즈 음악의 감동을 말로 형상화 한데서 영향을 받았어요. 20세기 초에는 'vibraphone(비브라폰)'이라는 새로운 타악기가 등장했는데, 이 악기는 금속 바를 두드려 진동을 만들었어요. 비브라폰은 1930년대부터 재즈 음악에 본격적으로 도입되었어요. 재즈 뮤지션들은 이 비브라폰의 부드럽고 울림 있는 소리를 'vibes'라고 줄여 불렀으며, 점차 이 단어는 특정 악기만이 아니라 재즈 음악에서 느껴지는 전체적인 분위기와 느낌을 가리키는 말로 확장되었습니다.

비브라폰은 공명통 위에 팬이 달려 있어 연주하는 음색에 깊이를 더해준다.

우리는 일상의 다양한 순간에 바이브를 경험해요. 아침에 학교에 가기 위해 집을 나설 때, 맑은 햇살과 시원한 바람, 그리고 새소리가 어우러져 상쾌한 아침의 바이브를 느낄 수 있습니다. 친구들과 함께 점심시간에 모여 수다를 떨 때는 자연스럽게 편안하고 유쾌한 바이브가 만들어집니다. 반대로 처음 가보는 교실이나 낯선 모임에서는 어색하고 조심스러운 바이브가 느껴지기도 하지요. 이처럼 Vibe는 우리가 처한 환경, 함께 있는 사람, 그리고 그 순간의 감정이 어우러져 만들어지는 독특한 분위기입니다.

사람마다 저마다 좋아하는 분위기가 다릅니다. 누구는 도서관의 고요함 속에서 집중이 잘 된다고 느끼며 책장 사이를 오가는 조용한 발소리와 연필 긁는 소리, 종이 넘기는 소리가 어우러진 차분한 바이브를 선호합니다. 반면, 누군가는 카페에서 들리는 경쾌한 음악과 사람들의 대화가 섞인 활기찬 분위기에서 오히려 더 창의적인 생각이 잘 떠오르기도 합니다. 이처럼 각자가 선호하는 분위기는 자신의 성격, 생활 습관, 그리고 그날의 기분에 따라 제각기 다양합니다.

최근에는 해시태그 문화와 함께 온라인에서 자신만의 바이브를 찾고 표현하는 사람들이 많아요. SNS에서는 자신이 느끼는 분위기나 감정을 해시태그와 함께 사진, 영상으로 공유하는 일이 일상이 되었습니다. 실제로 인스타그램, 틱톡 등에서 #morningvibes 해시태그는 수백만 건의 게시물이 등록되어 있을 정도로 인기가 높으며, #studyvibe, #goodvibe, #mood 등 다양한 관련 해시태그도 널리 사용됩니다. 이런 해시태그 문화는 자신만의 일상과 감정을 기록하는 동시에, 비슷한 vibe를 가진 사람들과 소통하고 공감대를 형성하는 창구가 되고 있어요.

이러한 바이브 문화는 패션 산업에서도 자주 쓰이고 있습니다. 대표적으로 #OOTD(Outfit of the Day)는 그날의 패션을 사진으로 찍어 공유하며, 각자의 스타일과 분위기를 뽐내는 해시태그입니다. 누군가는 편안한 훈련복과 자연스러운 헤어스타일로 자연스러운 분위기를, 누군가는 화려한 액세서리와 개성 있는 포즈를 취하며 힙하고 트랜디한 분위기를 연출하지요. 이처럼 해시태그와 SNS는 개인의 고유한 바이브를 시각적으로 드러내고, 전 세계 사람들과 취향을 공유하는 중요한 도구가 되었습니다.

요즘은 유튜브, 인스타그램, 블로그, 틱톡 등 다양한 플랫폼을 통해 누구나 손쉽게 콘텐츠 생산자가 될 수 있어요. 단순히 영상을 시청하거나 사진을 구경하는 소비자에서 머무는 것이 아니라, 직접 자신의 취향과 생각, 일상을 다양한 형식으로 표현하고 공유하는 거죠. 영상, 글, 사진, 오디오 등 어떤 형태든 자신만의 이야기를 만들어 내고 세상과 나누는 경험은 창의력과 표현력을 기르는 좋은 기회가 됩니다. 특히 AI와 디지털 기술이 발달한 오늘날에는 정해진 답을 잘 아는 것보다 자신만의 시선과 경험을 바탕으로 새로운 콘텐츠를 만들어 내는 능력이 더욱 가치 있게 평가받고 있어요.

다양한 플랫폼에서 콘텐츠 생산자로서 자신만의 이야기를 만들어가는 일은 남과 똑같은 모습을 따라 하기보다, 자기만의 시선과 개성을 꾸준히 쌓아가는 것이 더 큰 가치를 인정받는 시대가 되었음을 보여줍니다. 이제는 누구나 자신의 경험과 생각을 자유롭게 표현하고, 그 진정성이 다른 사람들에게도 공감과 영감을 줄 수 있다는 점이 디지털 사회에서 점점 더 중요한 의미로 자리 잡고 있답니다.

'Vibe' is the unique feeling you get from a space, a person, or a shared moment, and it even shapes how we express ourselves online. Jazz musicians first borrowed the Latin "vibrare" for the soft hum of the vibraphone, and today we use tags like #morningvibes or #OOTD to share our mood. Feeling a cozy café vibe or a focused library vibe connects us with others who appreciate the same atmosphere. In the digital age, everyone can become a creator—posting photos, videos, or writing in a way that reflects their true vibe. This authenticity builds community and inspires creativity, showing that your own perspective can bring people together and spark fresh ideas across the world.

cozy : 아늑한   authenticity : 진정성   perspective : 관점

여러분도 한 번쯤은 '나만의 콘텐츠를 만들어 보고 싶다'는 생각을 해본 적이 있지 않나요? 여러분이 직접 콘텐츠 생산자가 된다면, 어떤 경험이나 생각을 바탕으로 자신만의 vibe와 개성을 담은 콘텐츠를 만들어 보고 싶나요?

1. atmosphere (n.)

유사어 mood, environment, ambiance
뜻 어떤 장소나 상황에서 느껴지는 전반적인 기분이나 분위기
예문 The café has a cozy atmosphere and a chill vibe.
(그 카페는 아늑한 분위기와 편안한 느낌이 있다.)
활용 ✓ friendly/relaxed atmosphere – 친근한/느긋한 분위기

2. chill (adj./v.)

유사어 relaxed, laid-back, calm
뜻 편안하고 느긋한, 또는 편하게 쉬다
예문 We had a chill night just listening to music and enjoying the vibe.
(우리는 음악을 들으며 분위기를 즐기는 편안한 밤을 보냈다.)
활용 ✓ chill out – 편히 쉬다

3. energy (n.)

유사어 spirit, liveliness, excitement
뜻 사람이나 장소에서 느껴지는 활기나 힘
예문 The concert had amazing energy and a fun vibe.
(그 콘서트는 멋진 에너지와 신나는 분위기가 있었다.)
활용 ✓ bring energy – 에너지를 불어 넣다

4. radiate (v.)

유사어 emit, exude, give off
뜻 (느낌, 분위기 등을) 발산하다, 풍기다
예문 She radiates confidence and a cool vibe wherever she goes.
(그녀는 어디를 가든 자신감과 멋진 분위기를 풍긴다.)
활용 ✓ radiate positivity – 긍정적인 분위기를 발산하다

5. groovy (adj.)

유사어 cool, trendy, stylish
뜻 멋지고 세련된, 리듬감 있고 기분 좋은
예문 I found some groovy vintage records at the flea market.
(벼룩시장에서 멋진 빈티지 음반들을 발견했다.)
활용 ✓ groovy style – 세련된 스타일
✓ groovy party – 신나는 파티

Interior Designer

인테리어 디자이너

An interior designer transforms indoor spaces to make them functional, safe, and visually appealing for clients in homes, offices, hotels, and other environments. They meet with clients to understand their needs, preferences, and budget, then create design concepts using sketches, mood boards, and digital tools to help clients visualize the final look. Interior designers plan layouts, select colors, materials, furniture, and lighting, and ensure that all choices fit the space's purpose and style. They manage projects from start to finish, coordinate with architects, contractors, and suppliers, and oversee installations to make sure everything meets design specifications and safety regulations.

🎙️ **예산이나 공간 크기에 제약이 있을 때는 어떻게 대처하나요?**

🐤 '우선순위 목록'을 만들어요. 예를 들어 "수납공간을 우선 개선하자"처럼, 핵심 요소부터 해결하도록 유도하고, 나머지는 기존 가구 재활용이나 저렴한 대체 소재로 해결합니다.

🎙️ **현장 시공팀, 가구 제작자 등과 협업할 때는 어떤 점을 신경 쓰시나요?**

🐤 시공 지침과 도면을 최대한 정확히 전달하는 게 중요해요. 현장에서 오해 없이 작업이 이어지도록 수시로 메모를 남기고, 시공팀과 현장 미팅을 거쳐 진행 상황을 표시합니다.

🎙️ **활용하면 좋은 디지털 도구나 앱이 있나요?**

🐤 SketchUp 같은 3D 모형화 도구로 공간을 가상화합니다. 그리고 Pinterest 에서 최신 인테리어 아이디어를 수집해요. 또 시간과 정보 관리를 도와주는 애플 서비스인 Notion으로 자재 견적, 일정, 점검표를 관리하면 프로젝트가 훨씬 체계적으로 진행됩니다.

🎙️ **앞으로 인테리어디자인 분야에서 주목할 만한 트렌드는 무엇일까요?**

🐤 친환경 자재와 스마트 홈이 핵심입니다. 대나무, 재활용 플라스틱 같은 친환경 소재 사용이 늘어나고, 조명·난방·보안 시스템을 음성이나 앱으로 제어하는 스마트 홈 기능은 이미 기본 옵션이 되었지요.

🎙️ **추천하는 전공은 무엇인가요?**

🐤 가장 직접적인 전공은 '인테리어디자인' 혹은 '공간디자인'이고, '건축공학'이나 '시각디자인'을 전공하면 구조적, 미적 감각을 모두 익힐 수 있어요. 여기에 '경영학(프로젝트 관리)'이나 '심리학(공간 심리)'을 공부하면 고객 관리와 사용자에 대한 이해도가 높아집니다.

바이브는 공간이나 사람, 함께하는 순간에서 느껴지는 특별한 느낌으로, 온라인에서도 자신을 표현하는 방식에 큰 영향을 줍니다. 재즈 뮤지션들이 라틴어 vibrare에서 따온 말로 비브라폰의 부드러운 울림을 가리키던 이 단어는, 오늘날 #morningvibes나 #OOTD 같은 태그로 우리의 기분을 공유할 때 사용되죠. 아늑한 카페의 분위기나 조용한 도서관의 분위기처럼 같은 감성을 좋아하는 사람들과 더 잘 연결될 수 있어요. 디지털 시대에는 누구나 사진이나 영상, 글을 통해 자신만의 진정한 바이브를 보여주는 창작자가 될 수 있습니다. 이러한 진정성은 공동체를 만들고 창의성을 키우며, 나만의 관점이 전 세계 다양한 사람들을 하나로 모으고 새로운 아이디어를 자극할 수 있음을 보여줘요.

Career Snapshot

인테리어 디자이너는 집, 사무실, 호텔 등 실내 공간을 더 편리하고 안전하면서도 보기 좋게 바꾸는 사람이에요. 먼저 고객과 만나서 어떤 공간이 필요한지, 어떤 스타일을 좋아하는지, 예산은 얼마나 되는지 등을 듣고, 스케치나 무드 보드, 디지털 도구를 활용해 최종 모습이 어떻게 나올지 보여줄 아이디어를 제작해요. 그런 다음 공간 배치를 계획하고, 어울리는 색상, 소재, 가구, 조명을 고르죠. 이 모든 선택은 공간의 용도와 스타일에 잘 맞아야 한답니다. 프로젝트가 시작되면 처음부터 끝까지 관리하면서 건축가, 시공업체, 자재 공급업체와 소통하고, 설치 과정을 직접 감독해 디자인이 계획대로 잘 진행되는지, 안전 규정을 지키는지도 확인해요.

Vibe
바이브 코딩

기존의 코딩은 전체 설계를 짜고, 세부적인 코드를 만들었어요. 하지만 바이브 코딩(Vibe Coding)은 AI가 먼저 코드를 만들고 사람이 아이디어를 덧붙이는 방식이에요. 즉흥적이고 창의적으로 사람과 AI가 협업하며 코드를 만들어 가죠.

☑ Human in the loop – AI와 함께 만드는 안전한 코딩

AI가 혼자 모든 걸 결정하는 것이 아니라, 중간중간 사람의 판단과 피드백이 꼭 들어가야 한다는 원칙이에요. 루프(loop, 반복되는 과정) 안에 인간(Human)이 포함되어 있다는 뜻이에요. 지금은 AI 덕분에 누구나 아이디어만 있으면 디지털 콘텐츠를 만들 수 있지만 여전히 중요한 건 바로 '사람'이에요. AI가 만든 코드가 원하는 기능과 정확히 맞는지, 혹시 문제가 생기지는 않을지, 그걸 판단하고 수정하는 건 결국 사람의 몫이니까요.

☑ 에이전틱 AI – 스스로 목표를 세우는 AI

바이브 코딩이 가능한 이유는 AI가 점점 더 주도적인 역할을 하기 때문이에요. 이런 AI를 에이전틱(Agentic) AI라고 부릅니다. Agentic이란 단어는 '주체적으로 행동하는'이라는 뜻이에요. 에이전틱 AI는 사람의 명령을 따르기만 하는 것이 아니라, 스스로 목표를 설정하고 그 목표를 달성하기 위해 계획을 세우며 문제를 해결해 나가는 AI예요.

Drip
나만의 스타일을 찾아서

　Drip은 패션 감각을 자랑하고 칭찬하는 문화를 뜻하는 신조어입니다. drip은 원래 '방울'이나 '물방울이 떨어지다'라는 뜻이었지만, 힙합과 스트리트 패션 문화의 영향으로 '멋지고 세련된 스타일' '자신감 넘치는 패션'을 의미하는 속어로 자리 잡았어요. 일반적으로 옷차림, 신발, 액세서리 등 전체적인 스타일을 자랑하며 서로의 멋을 평가하고 칭찬하는 상황에서 쓰입니다.

　Drip이라는 단어가 패션을 뜻하는 신조어로 변화한 데에는 힙합과 랩을 중심으로 한 아프리카계 미국인 커뮤니티의 영향이 결정적이었어요. 2010년대 미국 남부와 힙합계에서 이 단어가 '멋진 옷차림' '화려한 액세서리' '자신감 넘치는 스타일'을 의미하는 속어로 쓰이기 시작했어요. 힙합 뮤지션들은 개성 넘치는 스타일과 고급 브랜드 아이템을 통해 자신의 정체성과 성공을 드러냈어요. 이러한 문화적 배경 덕분에 drip은 단순히 옷을 잘 입는다는 의미를 넘어, 자신감과 개성, 그리고 사회적 성공까지 아우르는 긍정적 속어로 자리 잡았습니다.

　NBA 선수들은 경기장에 들어설 때마다 'drip check'를 합니다. 선수들은 패션모델처럼 자신만의 개성 넘치는 스타일로 경기장에 등장하죠. 경기 직전 '터널 워크'에서 독특한 의상과 액세서리, 신발로 자신만의 drip을 뽐내고, 이 모습은 스포츠 매체와 팬들 사이에서 매년 큰 화제가 됩니다. 유튜브에는 'NBA Drip Check'라는 제목으로 선수들의 패션을 집중 조명하는 영상과 사진이 꾸준히 업로드되고 있으며, 각종 스포츠 기사에서는 '올해의 최고 드립'처럼 패션을 주제로 한 비평이 쏟아집니다.

NBA 선수들의 다양한 입장 패션.

영단어 drip은 옷을 잘 입는다는 의미를 넘어, 한 사람의 전체적인 스타일과 태도를 칭찬하는 긍정적 용어로 자리 잡았어요. 멋진 옷차림, 세련된 액세서리, 개성 있는 헤어스타일, 그리고 자신감 넘치는 태도까지 모두 drip의 일부로 여겨집니다. 예를 들어, 친구가 새 신발이나 독특한 재킷을 입고 나타났을 때 "You got that drip!"이라고 말하며, 그 사람의 패션 감각과 자신감을 칭찬할 수 있습니다. 이러한 표현은 단순한 외모 평가를 넘어서 서로의 개성과 노력을 인정하는 문화로 발전하고 있지요.

스트리트웨어, 하이패션, 빈티지, 미니멀리즘 등 어떤 스타일이든 자신만의 방식으로 소화하면 그것이 곧 drip이 됩니다. 누군가는 화려한 장신구와 스니커즈로 포인트를 주고, 단정한 셔츠와 깔끔한 헤어스타일로 자신만의 세련됨을 표현할 수도 있어요. 이처럼 drip은 남들과 똑같아야 멋지다는 고정관념에서 벗어나, 자기만의 개성과 취향을 당당하게 드러내는 태도를 강조해요. 이는 곧, 다양성을 존중하고 개성을 인정하는 건강한 문화로 이어집니다.

자기만의 drip을 찾고 표현하는 과정은 자존감을 높이는 데에도 긍정적인 영향을 미칩니다. 자신이 좋아하는 스타일을 선택하고 고민하는 과정에서 자신에 대한 이해와 애정이 깊어집니다. 또한 친구들과 서로의 drip을 칭찬하고 응원하는 문화는 남과 비교하기보다는 각자의 개성을 인정하는 분위기를 만듭니다. 이를 통해 자기 자신을 긍정적으로 바라보고, 건강한 자아 정체성을 확립하는 데 중요한 역할을 합니다.

하지만 이러한 drip 문화가 때로는 외모지상주의나 비교로 인한 스트레스를 유발할 수 있다는 지적도 있어요. 소셜 미디어에서 볼 수 있는 멋진 스타일의 사람들처럼, 나도 저렇게 멋져야 한다는 압박감을 느끼는 사람들이 생길 수 있죠. Drip을 즐기되 남과 비교하기보다는 자기만의 개성을 찾는 것이 더 중요하다는 점을 유념합시다.

   ‘Drip’ is a fun **slang** word that means having a cool, **confident** style. It started in hip-hop culture, where artists wore **fancy** clothes and jewelry to show who they are. Now you hear “You got the drip!” when someone looks stylish from head to toe. NBA players even do a “drip check” before games, walking into the arena like fashion stars. Drip isn't about wearing the same thing as everyone else—it's about finding your own look and feeling **proud of** it.

slang : 속어   **confident** : 자신감 있는   **fancy** : 화려한   **proud of** : 자랑스러워하는

생각 정리

여러분은 생각하는 나만의 drip, 즉 개성과 스타일은 무엇인가요? 그리고 그 고유한 개성을 어떻게 표현할 수 있을까요?

1. outfit (n.)

- **유사어** clothes, look
- **뜻** 옷 코디
- **예문** The hiking outfit includes boots, a backpack, and a waterproof jacket.
  (등산 장비에는 등산화, 배낭, 방수 재킷이 포함된다.)
- **활용** ✓ outfit of the day (OOTD) – 오늘의 패션

2. accessory (n.)

- **유사어** add-on, decoration, ornament
- **뜻** 옷을 더 멋지게 꾸며주는 것(모자, 목걸이, 팔찌 등)
- **예문** Cool accessories can take your drip to the next level.
  (멋진 액세서리는 너의 스타일을 한층 업그레이드해 줘.)
- **활용** ✓ wear accessories – 액세서리를 착용하다

3. swag (n.)

- **유사어** style
- **뜻** 자신감 넘치고 멋진 태도나 스타일
- **예문** He's got so much swag that everyone wants to hang out with him.
  (그는 멋이 넘쳐서 모두가 그와 어울리길 원한다.)
- **활용** ✓ show your swag – 멋을 뽐내다
  ✓ swag outfit – 멋진 옷차림

4. unique (adj.)

- **유사어** original, one-of-a-kind, distinctive
- **뜻** 남들과 다른, 특별한
- **예문** Each snowflake has a unique pattern, no two are exactly alike.
  (눈송이는 각각 독특한 무늬를 가지고 있어 똑같은 것은 없다.)
- **활용** ✓ be unique – 남들과 다르다

5. assurance (n.)

- **유사어** confidence, certainty, guarantee
- **뜻** 확신, 자신감
- **예문** The company gave customers assurance their data would remain private.
  (회사는 고객들에게 데이터가 안전하게 보호된다고 보장했다.)
- **활용** ✓ give assurance - ...을 보장하다
  ✓ feel assurance - 확신을 느끼다

Footwear Designer

신발 디자이너

A footwear designer creates and develops shoes, boots, sandals, and other types of footwear by blending creativity with technical skills to make products that are stylish, comfortable, and functional. They research fashion trends and consumer needs, sketch design ideas by hand or using computer software, and select suitable materials to bring their concepts to life. Footwear designers work closely with other professionals—such as pattern makers, material specialists, and manufacturers—to turn their sketches into prototypes and finished products, making adjustments to improve fit, comfort, and style. They also review samples, collaborate with marketing and sales teams, and ensure that their designs meet quality and brand standards.

🎙️ **신발 디자인 프로세스는 어떻게 진행되나요?**

😀 첫 단계는 컨셉 기획이에요. 스포츠, 일상복, 럭셔리 등 카테고리를 정하고, 색채·소재·기능을 조합해 디자인 계획을 짭니다. 다음은 스케치→패턴 제작→실물 크기 모형 순서로 실제 크기의 시제품을 만들어 보고, 그 후 착용 테스트와 기능 테스트를 거쳐 최종 디자인을 확정하죠.

🎙️ **커스텀 3D 프린팅이란 구체적으로 어떤 기술이고, 어떻게 신발에 적용되나요?**

😀 커스텀 3D 프린팅은 고객의 발 모양을 스캔하거나 측정기로 자료를 수집해서, 각 사람의 발 아치, 폭, 길이 같은 특징을 3D 모델로 만듭니다. 일반 기성 깔창과 달리 발에 꼭 맞기 때문에 충격 흡수력이 뛰어나고 걸을 때 발이 안정적으로 지지돼요. 제조 과정도 빠릅니다. 디자인 파일만 완성되면 3D 프린터가 몇 시간 안에 깔창, 밑창을 만듭니다.

🎙️ **스마트 슈즈는 어떻게 동작하는 거예요?**

😀 스마트 슈즈는 밑창 안이나 옆면에 작은 센서를 내장해 걸음 수는 물론 보행 패턴과 체중이 실리는 위치, 발이 땅을 내딛는 각도 같은 데이터를 실시간으로 측정합니다. 이 정보는 무선 통신으로 스마트폰 앱에 전송되고, 앱이 걸음걸이 균형, 자세 교정 포인트, 하루 운동량 등을 분석해 알려줘요. 예를 들어 "오른발에만 체중이 치우쳤어요."라거나 "오늘 1만 보를 달성했네요." 같은 피드백을 주기 때문에, 스스로 걷는 습관을 교정하거나 운동 목표를 효율적으로 관리하는 데 큰 도움이 됩니다.

한문단 영어

Drip은 멋지고 자신감 넘치는 스타일을 뜻하는 재미있는 속어예요. 힙합 문화에서 화려한 옷과 보석을 착용해 자신을 드러내는 아티스트로부터 시작되었지요. 이제는 "You got the drip!"이라고 하면 누군가의 머리부터 발끝까지 멋진 패션을 칭찬하는 말이 되었어요. NBA 선수들은 경기 전 'drip check'를 하며 패션 스타처럼 경기장에 입장하기도 합니다. Drip은 모두가 같은 옷을 입는 것이 아니라, 나만의 스타일을 찾아 자랑스럽게 느끼는 것이에요.

Career Snapshot

신발 디자이너는 창의력과 기술력을 발휘해 멋스럽고 편안하며 실용적인 신발, 부츠, 샌들 등을 만들어 내는 사람이에요. 이들은 먼저 패션 경향과 소비자의 요구를 조사한 뒤, 손으로 스케치하거나 컴퓨터 소프트웨어를 사용해 디자인 아이디어를 구상하죠. 그런 다음 그 아이디어를 실현할 수 있는 적절한 소재를 골라 제품을 구체화해 나갑니다. 신발 디자이너는 패턴 메이커, 소재 전문가, 제조업체 등과 긴밀히 협업하며 스케치를 시제품으로 제작하고, 편안함과 모양새를 개선하기 위해 수시로 수정해요. 완성된 샘플을 검토한 뒤 마케팅·영업팀과 함께 작업하며, 최종 제품이 품질 기준과 인지도 정체성에 맞는지 확인하는 과정도 빼놓지 않습니다.

Bussin
정말 맛있어!

영단어 Bussin은 '아주 맛있다' 또는 '정말 최고다'라는 의미로 널리 쓰이는 신조어입니다. 특히 음식이 정말 맛있을 때 "This pizza is bussin!", "These fries are bussin!"와 같이 말할 수 있어요. 이 표현은 영어권 청소년과 젊은 세대가 소셜 미디어와 일상 대화에서 자주 사용하는 유행어로, 단순히 맛있다는 의미를 넘어서 '기대 이상으로 훌륭하다'라는 뜻을 의미합니다.

Bussin의 어원은 아프리카계 미국인 영어(African-American Vernacular English, AAVE)에서 시작했어요. AAVE에서는 단어 끝의 -g를 생략하는(g-dropping) 언어적 특징이 있어서 bussin과 같이 발음이 간소화된 형태가 자주 나타나요. 이러한 단어의 축약 현상은 영어의 다양한 방언에서 볼 수 있지만, AAVE에서는 특히 뚜렷하게 나타나는 특징입니다. 예로 going을 goin으로, nothing을 nothin으로 줄여 쓰는 것이 있습니다. 단어를 간략히 줄이면 발음하기 쉽고, 말의 리듬감이 살아나는 효과가 있어서, 의사소통이 더 자연스럽고 친근하게 느껴집니다.

Bussin이라는 단어는 원래 음식이 정말 맛있다는 의미로 주로 쓰였지만, 최근에는 그 의미가 패션, 음악, 멋진 경험 등 기대 이상으로 훌륭한 모든 것을 칭찬하는 긍정적 감탄사로 확장되었습니다. 예를 들어, 흥겨운 음악에는 "This new beat is bussin(비트가 끝내줘)!", 스타일리쉬한 패션에는 "Your outfit is bussin today(너 오늘 패션이 진짜 멋지다)!", 멋진 공연을 본 후에는 "The concert last night was bussin(어젯밤 콘서트 진짜 재밌었어)!"라고 말할 수 있습니다. 이처럼 bussin은 음식 외에도 다양한 분야에서 폭넓게 사용되며, 젊은 세대의 긍정적 에너지와 감탄을 표현하는 대표 키워드로 자리 잡았어요.

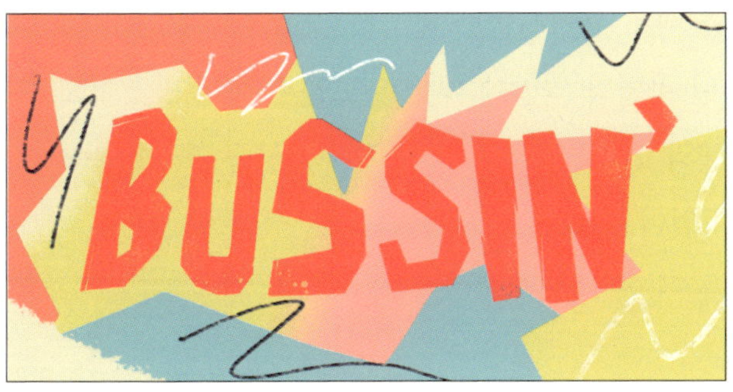

아프리카계 미국인 영어(AAVE)는 미국 영어의 구어체, 특히 남부 방언과 대중문화(힙합, R&B, 인터넷 밈 등) 에 상당한 영향을 미쳤어요. AAVE는 독특한 어휘와 문법, 발음 규칙을 가지고 있습니다. 예를 들어, 'cool' 'hip' 'chill out' 'main squeeze' 'soul' 'funky' 'threads' 같은 단어들은 AAVE에서 비롯되어 널리 쓰이고 있어요. 힙합, 재즈, R&B 등 흑인 음악 장르의 가사와 슬랭은 20세기 후반 이후 미국 청소년 문화와 인터넷 밈, 심지어 뉴스 헤드라인까지 영향을 주었고, 'gonna' 'wanna' 'y'all' 같은 구어체 표현도 대중적으로 확산하였어요.

아프리카계 미국인 영어는 오랜 역사 속에서 흑인 공동체의 정체성을 지키고 연대를 다지는 역할을 했어요. 17세기 노예무역을 거치며 아프리카 각지의 말과 영어가 뒤섞인 가운데, 백인에게 억압받던 많은 흑인은 자신들만의 고유한 말투와 언어 표현을 통해 서로의 존재를 확인하고 마음의 위로를 주고받았습니다.

미국에서는 1865년 남북전쟁이 끝나며 공식적으로 노예제가 폐지되었어요. 이 해방 이후의 시대에 미국 남부 지방의 농촌 교회에서는 해방된 흑인들이 모여 종교와 일상을 공유하기 시작했어요. 목사들은 설교와 찬송가를 통해 일터의 고단함과 가족과 떨어진 그리움을 나눴지요. 또 블루스와 재즈 뮤지션들은 일상의 피로와 사랑의 기쁨, 그리고 여전히 남아 있던 차별과 억압에 대한 분노를 가사에 담았어요. 이는 나아가 흑인 공동체의 연대와 저항, 그리고 자긍심을 표현하는 풍부한 언어로 꽃피우게 되었어요.

'Bussin' means something is super good—like the tastiest meal or an amazing song. It comes from the African-American way of saying. At first it described food but now teens use it for anything awesome, from clothes to music. Slang like this shows how language, music, and community in African-American culture come together to make words that spread worldwide.

describe : 묘사하다   awesome : 멋진   language : 언어
worldwide : 세계적으로

언어는 살아 움직이는 유기체처럼 시간에 따라 변합니다. 우리가 말속에는 역사와 문화적 맥락이 숨겨져 있습니다. 여러분이 자주 쓰는 속어 하나를 골라, 그 단어의 의미와 유래를 조사해 봅시다.

1. thriving (adj.)

유사어 booming, flourishing, prospering
뜻 활기차고 잘 나가는, 번창하는
예문 The small café has become a thriving business in just six months.
(그 작은 카페는 단 6개월 만에 번창하는 사업체가 되었다.)
활용 ✓ thriving business – 번창하는 사업
✓ thriving culture – 번성하는 문화

2. lively (adj.)

유사어 energetic, exciting
뜻 분위기가 매우 신나고 활기찬
예문 The children's laughter made the playground feel even more lively.
(아이들의 웃음소리가 운동장을 더욱 활기차게 만들었다.)
활용 ✓ popping atmosphere – 활기찬 분위기

3. impressive (adj.)

유사어 outstanding, remarkable, notable
뜻 인상적이고 눈길을 끄는
예문 Her cooking skills are really impressive.
(그녀의 요리 실력은 정말 인상적이다.)
활용 ✓ impressive result – 인상적인 결과

4. top-notch (adj.)

유사어 best, high-quality, first-rate
뜻 최고 수준의, 아주 뛰어난
예문 The service at that restaurant is top-notch.
(그 식당의 서비스는 최고다.)
활용 ✓ top-notch quality – 최고 품질

5. satisfying (adj.)

유사어 fulfilling, pleasing, gratifying
뜻 만족감을 주는, 기분 좋은
예문 That meal was so satisfying!
(그 식사는 정말 만족스러웠어!)
활용 ✓ deeply satisfying – 매우 만족스러운

Food Critic

음식 평론가

A food critic visits restaurants and other food establishments to taste and evaluate the quality of food, drinks, service, and atmosphere, often doing so anonymously to ensure an unbiased experience. They carefully observe details like flavor, presentation, portion size, cleanliness, and the overall dining environment, then write honest and engaging reviews for newspapers, magazines, websites, or blogs to help the public make informed dining choices. Food critics also keep up with food trends, attend events, and may specialize in certain cuisines or types of venues, using their knowledge and writing skills to influence both diners and the restaurant industry.

🎙️ **푸드 크리틱으로서 가장 보람 있었던 순간은 언제였나요?**

💬 한 번은 오래된 동네 칼국수 집을 추천하며 '이 집 국물은 어머니 손맛이 느껴진다'라고 썼더니, 실제로 가게에 손님이 몰리고 사장님이 "손님이 늘어 감사하다."는 편지를 보내주셨어요. '내 글이 사람과 가게를 이어줬다'라는 뿌듯함을 느꼈습니다.

🎙️ **음식의 풍미를 평가할 때 어떤 향신료나 조리 기법이 그 맛을 만들어 냈는지 설명해 주실 수 있나요?**

💬 예를 들어 양고기 스테이크 전문점에서는 고기를 48시간 저온 숙성한 뒤 로즈메리와 통마늘 오일을 바르고 숯불에 직화로 구워 냅니다. 숙성 과정에서 단백질이 분해돼 부드러운 식감을 살리고, 통마늘 향이 은은하게 배어든 로즈메리 오일이 불맛과 어우러져 고소하면서도 풍부한 허브 향을 느낄 수 있죠. 이처럼 숙성 온도와 향신료의 조합, 그리고 직화 불 조절이 풍미의 핵심인 경우가 있습니다.

🎙️ **음식 평론가가 되려면 특별히 공부해야 하는 전공이나 자격증, 교육 과정이 있을까요?**

💬 공식적인 '자격증'보다는 폭넓은 식문화 이해와 글쓰기 역량이 중요해요. 초반에는 블로그나 SNS에 리뷰를 꾸준히 올리며 포트폴리오를 쌓아 보세요. 소규모 식당, 길거리 푸드트럭 등 접근하기 쉬운 곳부터 시작해 사진과 글에 일관된 톤을 유지하는 게 중요해요. 지역 맛집, 푸드 페어, 팝업 행사에 참여해 관계자 네트워크를 넓히세요. 점차 전문 매체에 기고하거나, 식당 PR 담당자에게 시식 초대를 요청할 수 있을 만큼 평판이 쌓이면 신뢰도가 자연스럽게 올라갑니다.

 한문단 영어

Bussin은 최고의 음식이나 멋진 노래처럼 무언가가 정말 훌륭하다는 뜻이에요. 이 단어는 아프리카계 미국인 영어에서 비롯되었어요. 처음에는 음식에만 쓰였지만, 지금은 옷이나 음악 등 멋진 모든 것에 대해 사용해요. 이 속어는 아프리카계 미국인 문화에서 언어와 음악, 공동체가 만나 만들어진 말이 전 세계로 퍼져 나간다는 것을 보여줍니다.

Career Snapshot

음식 평론가는 식당이나 음식점을 찾아가서 음식, 음료, 서비스, 분위기 등을 맛보고 평가하는 사람이에요. 보통은 익명으로 방문해서 공정한 판단을 내릴 수 있도록 하고, 맛, 플레이팅, 양, 청결 상태, 전체적인 식사 환경 같은 세세한 부분까지 꼼꼼히 살펴보죠. 그런 후에 솔직하고 흥미로운 리뷰를 신문, 잡지, 웹사이트나 블로그에 작성해 대중이 어디서 먹을지 결정하는 데 도움을 줍니다. 또한 푸드 트렌드를 꾸준히 살피고, 다양한 행사에 참석하며 특정 지역이나 요리 분야에 전문성을 갖추기도 해요. 이들의 전문 지식과 글쓰기 실력은 식당 업계와 일반 손님들 모두에게 큰 영향을 미치곤 한답니다.

GOAT
역대 최고!

2021년 2월 USA Today는 슈퍼볼에서 일곱 번째 우승을 차지한 쿼터백 톰 브래디를 조명하며 "Tom Brady is now widely called the G.O.A.T.🐐"라고 보도했습니다. 여기서 G.O.A.T.(또는 GOAT)는 동물 염소(goat)가 아니라 'Greatest Of All Time(역대 최고)'의 약어로 쓰이는 신조어입니다. 이 표현은 영어권 인터넷, 스포츠, 음악, 대중문화에서 매우 널리 쓰이는데, 실제로 goat라는 단어와 G.O.A.T.라는 약어가 발음이 같다는 점 때문에, 염소 이모지(🐐)가 함께 사용되며 시각적 밈으로도 인기를 끌고 있습니다.

톰 브래디가 염소를 타고 나오는 광고 영상.

G.O.A.T.라는 약어는 원래 구어체에서 전해지다가, 1992년에 무하마드 알리의 아내 론다가 'G.O.A.T. Inc.'라는 회사를 설립하며 처음으로 공식 문서에 등장합니다. 이 회사는 알리의 브랜드와 이미지를 관리하기 위한 목적으로, 'The Greatest Of All Time'이라는 별명을 상표로 등록한 것이죠. 이때부터 G.O.A.T.라는 표현이 대중적으로 더 널리 알려지기 시작했습니다.

이 약어가 수십 년이 지난 지금까지도 사랑받는 이유는 여러 가지입니다. 첫째, Greatest Of All Time이라는 긴 문장을 간단히 줄여 빠르고 쉽게 쓸 수 있다는 점입니다. 둘째, 범용성이 뛰어나 농구, 축구, 미식축구 등 각종 스포츠에서 역대 최고의 선수에게 쓰일 뿐만 아니라, 음악계의 전설적인 음악가나 래퍼, 영화 · 드라마 · 게임 · 음식 · 패션 등 다양한 분야에서 최고의 대상을 칭할 때도 자연스럽게 사용됩니다. 예를 들어, "이 피자는 G.O.A.T.야!"처럼 일상 대화에서도 최고의 경험이나 대상을 강조할 때 활용할 수 있습니다. 셋째, G.O.A.T.와 goat의 발음이 같다는 점을 활용해, 염소 이모지(🐐)와 밈 문화가 결합하여 시각적 · 문화적 확산력이 매우 크다는 점도 인기의 비결입니다.

이처럼 G.O.A.T.는 간결하면서도 강렬한 의미를 담고 있어, 세대와 분야를 초월해 사랑받는 현대 영어의 대표적 신조어로 자리 잡았습니다.

다음 페이지에 소개하는 단어들은 2025년 현재 청소년과 젊은 세대가 자주 사용하는 최신 약어입니다. 약어는 짧고 간결해서 의사소통을 더욱 효과적으로 만들죠. 함께 제시된 표현의 쓰임을 살피면서, 디지털 시대의 새로운 언어를 배워 봅시다.

☑ **1. FOMO (Fear Of Missing Out)**

  – **의미**: 놓치고 싶지 않은 마음. 자신만 배제되고 소외되지 않을까 불안한 감정.

  – **예시**: "I can't skip this concert—major FOMO if I do!"

    (이 콘서트 안 가면 완전히 뒤처질 거야!)

☑ **2. TL;DR (Too Long; Didn't Read)**

  – **의미**: 너무 길어서 못 읽었어. 게시글이나 메시지가 너무 길 때 요약을 요구

    하거나 간단히 반응할 때 사용함.

  – **예시**: "TL;DR: The new game is epic!"

    (요약: 새 게임 완전 대박이야!)

☑ **3. IMO / IMHO (In My Opinion / In My Humble Opinion)**

  – **의미**: 내 생각엔~ / 내 의견은~. 자신의 의견임을 부드럽게 강조할 때 사용.

  – **예시**: "IMO, that movie was overrated."

    (내 생각엔, 그 영화 좀 과대평가된 것 같아.)

☑ **4. SMH (Shaking My Head)**

  – **의미**: 한심하다. 실망이나 황당함을 느낄 때 머리를 흔드는 제스처를 표현.

  – **예시**: "He forgot his homework again? SMH."

    (그가 또 숙제 깜빡했대? 진짜 한심해.)

☑ **5. YOLO (You Only Live Once)**

  – **의미**: 인생은 한 번뿐이야. 과감한 선택을 정당화할 때 쓰는 긍정 · 도전의

    메시지.

  – **예시**: "I'm skydiving tomorrow—YOLO!"

    (내일 스카이다이빙해 볼 거야—인생은 한 번뿐이니까!)

약어는 단어 수를 줄이면서도 감정·입장·행동의 이유를 정확히 전달하는 디지털 소통의 필수 도구입니다. 하지만 이런 약어 문화에는 언어적 배타성이라는 부정적 측면도 있습니다. 즉, 사용자가 약어의 뜻을 알 때에는 의사소통이 원활하지만, 반대 경우에는 오히려 소통에 방해 요인이 되기도 한다는 뜻입니다. 젊은 세대와 나이 차이가 벌어지는 부모님이나 선생님, 또는 영어에 익숙하지 않은 사람들에게 약어는 난해한 암호처럼 느껴질 수도 있습니다.

특히, 디지털 네이티브* 세대가 아니거나, 영어에 익숙하지 않은 사람들에게는 이런 약어가 일종의 '언어 장벽'이 될 수 있습니다. 이는 세대 간, 혹은 다양한 배경을 가진 사람들 사이의 소통을 어렵게 만들고, 때로는 의도치 않은 배제와 단절을 초래하기도 합니다. 따라서 약어를 사용할 때는 상대방을 고려하여, 필요하다면 친절하게 설명을 덧붙이는 배려가 필요합니다.

디지털 네이티브(Digital Native) : 태어날 때부터 디지털 기기와 인터넷 환경에서 성장한 세대를 말합니다. 이들은 컴퓨터, 스마트폰, 인터넷 등을 마치 모국어처럼 자연스럽게 사용하며, 빠른 정보 습득과 멀티태스킹, 즉각적인 소통에 능숙합니다.

 'G.O.A.T.' stands for 'Greatest Of All Time' and is used to call someone the best ever—like Michael Jordan or Muhammad Ali. It was first written down when Ali's wife started "G.O.A.T. Inc." in 1992. People love this short **abbreviation** because it's quick, works for any **field** (sports, music, food), and even the goat 🐐 emoji makes it fun to share. But using abbreviations like this can **leave out** those who don't know them—like parents or teachers—so it's kind to explain what they mean when needed.

abbreviation : 약어   field : 분야   leave out : 배제하다

여러분이 자주 쓰는 약어나 신조어 중에서 어른들에게 알려주고 싶은 단어가 있다면 무엇인가요?

1. legendary (adj.)

- **유사어** iconic, epic, famous
- **뜻** 전설적인, 아주 유명하고 오래 기억될 만한
- **예문** Michael Jordan is a legendary basketball player.
  (마이클 조던은 전설적인 농구 선수이다.)
- **활용** ✓ legendary figure – 전설적인 인물
  ✓ legendary moment – 전설적인 순간

2. iconic (adj.)

- **유사어** classic, symbolic, representative
- **뜻** 상징적인, 대표적인
- **예문** The Eiffel Tower is one of the most iconic landmarks in the world.
  (에펠탑은 세계에서 가장 상징적인 랜드마크 중 하나다.)
- **활용** ✓ iconic image – 상징적인 이미지

3. champion (n.)

- **유사어** winner, victor, titleholder
- **뜻** 챔피언, 우승자, 최고의 자리에 오른 사람
- **예문** Serena Williams is a champion and often called the GOAT of tennis.
  (세리나 윌리엄스는 챔피언이고, 종종 테니스의 GOAT라고 불린다.)
- **활용** ✓ become a champion – 챔피언이 되다

4. unbeatable (adj.)

- **유사어** invincible, undefeated, supreme
- **뜻** 이길 수 없는, 무적의
- **예문** Their record was unbeatable for years.
  (그들의 기록은 수년 동안 깨지지 않았다.)
- **활용** ✓ unbeatable team – 무적의 팀
  ✓ unbeatable record – 깨지지 않는 기록

5. record-breaking (adj.)

- **유사어** historic, unprecedented, extraordinary
- **뜻** 기록을 깨는, 아주 뛰어난
- **예문** This movie had a record-breaking opening weekend.
  (이 영화는 개봉 첫 주말에 기록적인 흥행 성적을 거두었다.)
- **활용** ✓ record-breaking score – 신기록 점수

Sports Star

스포츠 스타

A sports star, also known as an athlete, is someone who competes in sports or physical activities at a high level, using exceptional physical abilities, skills, and dedication to achieve peak performance in their chosen sport. They spend many hours training, practicing techniques, and working with coaches to improve their strength, speed, and agility. Sports stars compete in organized events, represent teams or countries, and aim to win competitions while showing sportsmanship and respect for others. They also act as role models, inspiring fans with their hard work, perseverance, and achievements, and sometimes use their public platform to support social causes or community events.

🎙️ **하루 일과는 보통 어떤가요?**

😀 아침 일찍 일어나 간단한 스트레칭과 근력 운동으로 몸을 깨워요. 7시에는 팀 훈련장에 도착해 러닝머신과 준비운동으로 몸 상태를 체크하고, 오전 내내 기술 훈련과 전술 연습을 병행합니다.

🎙️ **훈련 루틴 중 가장 많이 신경 쓰는 부분은 무엇인가요?**

😀 '회복 관리'에 가장 공을 들여요. 고강도 훈련 후에는 폼롤러로 근막 이완하고, 단백질과 탄수화물 비율을 맞춘 식단으로 근육을 빠르게 회복시키죠.

🎙️ **경기 전에는 어떻게 마음을 다잡나요?**

😀 경기 전에는 내가 잘했던 핵심 순간을 떠올리며 '루틴 플레이'를 머릿속으로 총연습해요. 이 과정이 불안감을 줄여 주고, 경기장에 들어갈 때 최고의 집중력을 유지하게 해줍니다.

🎙️ **부상을 겪었을 때 어떻게 극복했나요?**

😀 한 번 무릎 인대 부상으로 6개월을 쉬어야 했어요. 재활 기간에는 오히려 심리 코치와 매일 대화하며 목표를 세웠죠. 가벼운 조깅 등 작은 목표를 하나씩 이루다 보니 자신감을 되찾았습니다.

🎙️ **청소년 시절 어떤 경험이 도움이 됐나요?**

😀 동네 체육관에서 다양한 스포츠(축구 · 농구 · 탁구 등)를 골고루 접한 것이 큰 도움이 됐어요. 여러 종목을 해보니 '기본 체력'과 '순발력'을 고르게 키울 수 있었거든요.

G.O.A.T.는 역대 최고라는 뜻으로, 마이클 조던이나 무하마드 알리 같은 최고를 가리킬 때 쓰여요. 이 표현은 1992년 알리의 아내가 'G.O.A.T. Inc.'를 세우며 처음 문서에 기록되었어요. 약어는 빠르게 쓰기 좋고, 스포츠·음악·음식 등 모든 분야에 쓸 수 있으며, 염소 🐐 이모지 덕분에 더 재미있게 퍼질 수 있어 인기가 많아요. 하지만 약어를 모르는 부모님이나 선생님 등은 소외될 수 있어, 필요할 때는 뜻을 친절히 설명해 주는 것이 좋아요.

Career Snapshot

스포츠 스타는 흔히 운동선수라고도 불리며, 자신이 선택한 스포츠에서 뛰어난 신체 능력과 기술, 그리고 헌신을 바탕으로 높은 수준의 경기에 나서는 사람이에요. 이들은 최고의 기량을 발휘하기 위해 매일 수많은 시간을 훈련과 연습에 투자하고, 코치와 함께 체력, 속도, 민첩성을 계속해서 끌어올리죠. 스포츠 스타는 대회에 출전해 팀이나 국가를 대표하며, 승리를 목표로 경쟁하는 동시에 스포츠맨십과 상대에 대한 존중을 보여줍니다. 또한 팬들에게는 노력과 끈기로 감동을 주는 본보기가 되기도 하고, 때로는 자신이 가진 영향력을 활용해 사회적 이슈나 지역사회 행사를 지원하기도 해요.

GOAT
운동선수를 북돋는 칭찬의 말

☑ **MOM과 WOM 그리고 POTM :** MOM은 Man of the Match의 약자로, 스포츠 경기에서 가장 뛰어난 활약을 한 남자 선수를 칭찬하는 말입니다. 여성 스포츠 경기에서는 WOM(Woman of the Match)을 썼어요. 하지만 성별과 상관없이 경기를 빛낸 사람이라면 누구에게나 쓸 수 있는 성 중립적인 표현도 있는데, 바로 POTM(Player of the Match)입니다.

☑ **Clutch :** Clutch(클러치)는 '꽉 잡다'는 뜻인데, 스포츠에서는 경기의 흐름을 뒤바꾸는 결정적인 순간에 뛰어난 활약을 한 사람을 가리킬 때 쓰이는 말이예요. Clutch Moment(클러치 모먼트)는 결정적인 역할을 한 장면, Clutch Player(클러치 플레이어)는 중요한 상황에서 실력을 발휘한 선수를 뜻해요.

☑ **X-Factor :** 수학 문제에서 'x'는 값이 아직 정해지지 않은 수, '미지수'를 의미하죠. 그래서 'X-Factor'는 눈에 잘 띄진 않지만, 경기에 결정적인 역할을 한 숨은 공신을 뜻해요. 농구 경기에서 골은 많이 넣지 않았지만, 상대 공격을 몇 번이나 잘 막아 내고, 팀 분위기를 바꾼 선수가 있다면? 그 선수는 단연 X-Factor예요.

☑ **Unsung Hero :** 마찬가지로 눈에 띄지 않지만, 중요한 역할을 해낸 사람을 뜻해요. 예를 들어, 축구 경기에서 골을 넣은 선수는 당연히 주목을 받아요. 하지만 그 골이 가능했던 건, 기회를 만들어준 수비수, 패스를 한 미드필더 등 동료들의 덕분이기도 합니다. 이렇게 직접 골을 넣지 않았지만, 팀의 승리에 기여를 한 선수가 있다면 그가 바로 Unsung Hero예요.

Sigma
나의 리더십 유형은?

시그마 그라인드셋(The Sigma Grindset)은 자신을 철저히 관리하고 혼자서도 목표를 이뤄내겠다는 극단적 자기 주도성을 뜻합니다. 예를 들어, 새벽에 일어나 일기를 쓰고, 하루 계획을 세운 뒤 규칙적으로 운동하는 모습을 SNS에 올리며 '나는 나 자신을 완벽하게 통제할 수 있는 의지력과 실천력이 강한 사람'이라고 어필하는 거죠.

시그마 그라인드셋 패러디 밈으로 유명한 영화 '아메리칸 사이코'.

Σ(시그마)는 그리스 알파벳의 열여덟 번째 글자입니다. 수학 기호로는 여러 항을 더할 때 사용하는 '합(sum)'을 뜻하기도 합니다. 영단어 sigma는 오랫동안 수학·통계·공학 분야에서만 쓰였어요. 하지만 최근에는 알파(alpha)·베타(beta)와 대비하여, 전통적 서열 밖에서 스스로 정한 규칙대로 행동하는 자기 주도적인 사람으로 뜻이

확장되었어요.

먼저 알파는 전통적으로 '리더'를 뜻합니다. 조직이나 집단에서 주도권을 잡고, 자신감 있게 목소리를 내고 사람들을 모으는 능력을 갖춘 사람이죠. 예컨대 팀 프로젝트에서 의견을 제시하며 방향을 정하고, 누군가가 실수하더라도 과감히 책임지는 모습을 보이는 이들이 알파형 리더입니다.

베타는 '협력자' 혹은 '추종자' 유형으로, 필요할 때는 리더를 따르며 무리의 목표를 지원하는 역할을 합니다. 조화와 안정감을 중시하며, 갈등 상황에서는 중재자 역할을 하기도 합니다. 알파가 전체의 방향을 설정한다면, 베타는 그 바탕 위에서 일을 돕는 든든한 후원자입니다.

마지막으로 시그마는 알파와 베타의 틀을 모두 벗어나 '집단의 서열에 얽매이지 않고 주도적으로 살아가는 사람'을 말합니다. 혼자서 목표를 설정하고, 때로는 고독을 즐기며 자신의 길을 묵묵히 걸어가는 '외로운 리더' 유형입니다. 이들은 자기만의 원칙과 루틴을 지키며, 타인의 인정 없이도 스스로 동기 부여를 얻는 독립적이고 자신감 넘치는 사람입니다.

자신만의 기준을 세우고 주체적으로 행동하면 자기 효능감이 상승하고 문제 해결 능력도 높아집니다. 작은 목표를 정하고, 이를 꾸준히 실천해 성취를 맛보면 해낼 수 있다는 믿음이 차곡차곡 쌓입니다. 작은 성공 경험을 연달아 쌓으면 결과가 아닌 '과정 지향적'인 사람이 됩니다. 즉, 목표 달성 그 자체보다 그 과정을 통해 배우고 성장하는 경험에 가치를 두며, 매 순간의 노력과 성찰을 즐기고 작은 실패도 새로운 도전의 밑거름으로 삼게 된다는 말입니다.

하지만 주의할 점이 있습니다. 지나치게 모든 것을 혼자 해결하려다 보면, 오히려 몸과 마음이 지치기 쉬워요. 실제로 많은 심리학 연구에 따르면 통제감이 지나칠 경우 오히려 스트레스와 번아웃이 올 수 있다고 합니다. 따라서 신뢰할 수 있는 친구나 멘토에게 도움을 요청하거나, 의견을 나누고 아이디어를 공유하는 협업의 자세를 갖춰야 할 것입니다. 다시 말해, 주도적으로 일하되 협력할 줄 아는 균형 있는 독립성을 길러야 합니다.

또한 일의 효율성을 높이고 더 나은 결과를 얻기 위해서는 '휴식'이 필요합니다. 장시간 같은 작업에 몰입하는 것보다 잠깐의 산책이나 가벼운 스트레칭과 같은 짧은 휴식을 중간중간 취할 때, 집중력과 작업 수행 능력이 오히려 크게 향상된다고 합니다. 또한 교실에서 간단한 '브레인 브레이크(Brain Break)'를 도입했을 때 학생들의 집중도가 좋아졌다는 연구 결과도 있습니다. 이처럼 짧은 휴식은 우리 뇌가 다시 에너지를 채우고 효율적으로 일할 수 있도록 돕습니다.

앞서 알파와 베타, 시그마의 개념을 모두 살펴보았는데 현대사회가 필요로 하는 리더는 어떤 사람일까요? 오늘날의 리더는 알파가 제시하는 분명한 방향 설정과 시그마가 가진 강력한 자기 주도성, 그리고 베타의 협력하고 돕는 능력을 모두 갖춘 육각형 인재입니다. 육각형 리더는 팀의 목표와 비전을 명확히 제시하고, 구성원 각자가 스스로 문제를 해결해 나갈 수 있도록 자율성과 창의성을 인정합니다. 중요한 의사결정의 순간에는 단호하게 방향을 제시하되 평소에는 '연대'의 분위기를 조성하고, 팀원들에게 필요한 도움과 지원을 아끼지 않아야 합니다. 결국 나만의 기준을 갖고 일하면서도 필요할 때는 이끌고, 함께 성장할 줄 아는 균형감각이 진정한 시그마 알파형 리더로 거듭나는 핵심 열쇠입니다.

 AI시대, 10대를 위한 디지털 트렌드 영단어 교양

The 'Sigma Grindset' is about setting your own goals and working hard alone—waking up early, planning every minute, and pushing yourself without help. It comes from the Greek letter sigma, which stands for people who lead themselves instead of following others. While this strong independence can build confidence and teach you to enjoy the process of learning, doing everything alone can also cause stress and tiredness. To stay healthy and happy, it's important to ask friends for help, work together sometimes, and take short breaks—like a quick walk or a brain break—to keep your mind fresh.

grindset : 갈고 닦는 태도   independence : 독립성   confidence : 자신감
tiredness : 피로

여러분은 알파(리더), 베타(협력자), 시그마(독립적 주체) 중 어떤 유형에 가장 가깝다고 느끼나요? 그 이유를 여러분의 경험이나 행동 예시와 함께 구체적으로 적어 보세요.

1. independent (adj.)

유사어 self-reliant, autonomous, self-sufficient
뜻 독립적인
예문 He is very independent and likes to do things his own way.
(그는 매우 독립적이어서 자기 방식대로 하는 것을 좋아한다.)
활용 ✓ independent life – 독립적인 삶 ✓ become independent – 독립하다

2. assertive (adj.)

유사어 confident, bold, self-assured
뜻 자기주장이 강한, 당당한
예문 Being assertive helps you stand up for yourself.
(당당하면 자신을 지킬 수 있다.)
활용 ✓ assertive attitude – 당당한 태도 ✓ be assertive – 당당하게 행동하다

3. focused (adj.)

유사어 concentrated, determined, single-minded
뜻 집중하는, 목표에 몰두한
예문 He is very focused on his goals and doesn't get distracted easily.
(그는 자신의 목표에 매우 집중해서 쉽게 산만해지지 않는다.)
활용 ✓ stay focused – 집중력을 유지하다

4. resilient (adj.)

유사어 tough, strong, adaptable
뜻 회복력이 강한, 쉽게 포기하지 않는
예문 He is resilient and bounces back quickly from setbacks.
(그는 회복력이 강해서 어려움을 겪어도 금방 다시 일어선다.)
활용 ✓ become resilient – 회복력이 생기다

5. introspective (adj.)

유사어 reflective, thoughtful, self-examining
뜻 자기 성찰적인, 내면을 들여다보는
예문 Sigma types are often introspective and spend time thinking
about themselves.
(시그마 유형은 보통 자기 성찰적이고 자신에 대해 생각하는 시간을 많이 갖는다.)
활용 ✓ introspective person – 자기 성찰적인 사람

Leadership Coach

리더십 코치

A leadership coach is a professional who helps individuals—such as managers, executives, or team leaders—develop their leadership skills and reach their full potential. They work closely with clients to identify strengths and areas for improvement, set personal and professional goals, and create action plans to achieve those goals. Leadership coaches provide guidance on topics like communication, decision-making, conflict resolution, and emotional intelligence, often serving as a trusted advisor, mentor, and accountability partner. Through regular meetings, they offer feedback, ask insightful questions, and encourage self-reflection, helping leaders gain new perspectives and build confidence.

🎙️ **리더십 코치라는 일을 어떻게 알게 되었나요?**

💬 저는 대학에서 학생회 활동을 하며 동료들의 갈등 조정과 목표 설정을 도왔는데, 그 과정에서 사람들이 스스로 자신감을 되찾고 성과를 올리는 모습을 보며 '이런 역할을 직업으로 삼고 싶다'라고 마음먹었어요.

🎙️ **리더십을 키우기 위해 청소년 때 어떤 경험을 해보면 좋을까요?**

💬 동아리나 팀 프로젝트에서 '팀장' 역할을 맡아서 보세요. 작은 모임이라도 목표를 정하고 일정 관리, 의사소통, 갈등 조율을 직접 해보면 리더가 어떤 고민을 하는지 체감할 수 있어 큰 도움이 됩니다.

🎙️ **이 일을 위해 추천하는 전공이나 수업이 있을까요?**

💬 '심리학'이나 '커뮤니케이션 학과'에서 사람의 행동과 대화 기술을 배우면 큰 도움이 돼요. '경영학' 수업 중 팀 프로젝트나 조직 행동론 과목을 통해 리더십 이론을 접해 보는 것도 좋습니다.

🎙️ **리더십 코치에게 가장 필요한 핵심 역량 세 가지는 무엇인가요?**

💬 첫 번째는 경청 능력이에요. 말보다는 듣는 것을 우선으로 하고, 고객이 진짜 필요한 부분을 파악해야 합니다. 두 번째는 질문 능력입니다. 핵심을 찌르는 질문으로 고객 스스로 답을 찾게 돕는 기술이 중요해요. 마지막으로 피드백 설계력이 요구됩니다. 구체적이고 실행할 수 있는 조언을 단계별로 제시할 수 있어야 합니다.

 한문단 영어

시그마 그라인드셋은 스스로 목표를 세우고 혼자 힘으로 매일 일찍 일어나 계획을 세워 실천하는 철저한 자기 주도성을 뜻해요. 그리스 알파벳 시그마에서 온 말로, 다른 사람을 따르지 않고 자신을 이끄는 사람을 가리키지요. 이런 독립성은 자신감을 키우고 배움의 과정을 즐기게 해 주지만, 혼자만의 노력은 스트레스와 피로를 부를 수 있어요. 건강하고 행복하게 지내려면 친구에게 도움을 요청하고 때로는 함께 일하며, 짧은 산책이나 '뇌의 휴식'을 취해 마음을 새롭게 하는 것이 중요해요.

Career Snapshot

리더십 코치는 관리자, 임원, 팀 대표와 같은 사람들이 자신의 리더십 역량을 개발하고 잠재력을 최대한 발휘할 수 있도록 돕는 전문가예요. 이들은 고객과 긴밀히 협력해서 강점과 개선할 부분을 함께 파악하고, 개인적·직업적 목표를 설정하며, 그 목표를 달성하기 위한 실행 계획을 세우죠. 리더십 코치는 커뮤니케이션, 의사결정, 갈등 해결, 감정 지능 같은 주제에 대해 조언을 제공하고, 신뢰할 수 있는 멘토이자 책임 파트너 역할을 해줍니다. 정기적인 미팅을 통해 피드백을 주고, 통찰력 있는 질문을 던지며, 스스로 되돌아볼 수 있도록 격려함으로써 리더가 새로운 관점을 얻고 자신감을 키울 수 있게 도와줘요.

Snack
배려와 존중의 언어

Snack은 간단히 집어먹는 간식을 뜻해요. 영국 영어에서는 차와 함께 먹는 가벼운 다과(tea snack)나 샌드위치, 스콘 등도 포함하고, 미국식 영어에서는 감자칩·초콜릿·쿠키 같은 편의점에서 쉽게 구할 수 있는 간식을 주로 가리켜요. 그런데 다음 문장에서 snack은 무슨 뜻으로 쓰일까요?

"You're looking like a snack."

(네 모습이 달콤한 간식처럼 눈길을 확 끈다.)

이 문장에서 snack은 사람을 칭찬하는 속어입니다. 즉, 누군가의 외모나 스타일이 아주 매력적이고 눈길을 끈다는 의미로, 상대방이 마치 먹음직스러운 간식처럼 '맛있어 보인다'라는 뉘앙스를 담고 있습니다. 예를 들어, "He's a snack(그 사람 정말 매력 있네)!" "That outfit is a whole snack(그 옷차림은 진짜 매력 폭발이야)!"처럼 매력적이고 잘생긴 사람이나 멋진 스타일을 칭찬할 때 주로 쓰입니다.

Snack처럼 외모를 칭찬하는 속어에는 'eye candy' 'trophy' 같은 말도 있어요. Eye candy는 보기만 해도 기분이 좋아지는 사람이나 물건을 의미하는데, 주로 외모가 뛰어나서 시선을 사로잡는 대상을 가리킵니다. Trophy는 trophy wife(남편의 신분 상징으로 여겨지는 젊고 아름다운 아내)처럼 누군가를 자랑거리로 여긴다는 뜻으로 쓰이는데, 때로는 외모만 보고 결혼한 상대를 낮춰 부르는 등 부정적 뉘앙스를 가질 수 있습니다. 따라서 trophy는 상황에 따라 오해를 불러일으킬 수 있으니 더욱 신중하게 써야 합니다.

이러한 속어는 주로 친구나 가까운 사람들 사이에서 장난스럽고 친근한 분위기에서 쓰입니다. 그러나 공식적인 자리나 처음 만난 사람에게 이런 표현을 사용하면 자칫 예의에 어긋나거나 상대방이 불쾌하게 느낄 수 있어요. 특히 외모나 스타일을 직접적으로 언급하는 만큼, 상대방과의 관계, 상황, 분위기를 충분히 고려하여 사용하는 것이 중요합니다. 또한 영어권 문화에서도 외모를 음식에 빗대어 표현하는 것이 모두에게 항상 긍정적으로 받아들여지는 것은 아니므로, 대화의 맥락을 잘 따져 사용하는 것이 바람직합니다.

형형색색의 스낵처럼 각자의 다양성과 장점을 서로 인정하고 존중해주는 문화를 만들어야 한다.

한국에도 비슷한 표현이 있어요. '얼짱'이나 '몸짱'이라는 말을 들어 본 적 있죠? 이러한 표현은 사람을 마치 인형이나 장난감처럼 대상화하고, 겉모습만 놓고 평가하는 말입니다. 예를 들어 친구에게 "너 완전 얼짱이야!"라고 칭찬하는 상황을 볼게요. 이 경우에는 얼굴만 예쁘다는 뜻이 되죠. 그런데 그 친구의 마음이나 성격, 재능에 대해서는 전혀 알 수가 없어요. 사람을 이렇게 겉으로 보이는 부분만 보고 판단하는 것을 '객체화'라고 부릅니다. 객체화란 사람을 마치 상품이나 물건처럼 한 가지 모습(예: 얼굴·몸매) 만으로 판단하고 소비하는 태도를 말해요.

사람을 겉모습만 보며 '잘생겼다' '예쁘다'라고 하면서 마음이나 성격은 살피지 않는 건 옳지 않아요. 타인의 시선을 많이 신경 쓰는 청소년기에는 외모 위주의 평가가 자아존중감을 낮출 수 있습니다. 여러 연구 결과에 따르면, 외모에 만족하지 못하거나 남들과 비교해서 자신이 부족하다고 느끼면 자신감이 떨어지고 우울감이나 불안감이 생길 수 있다고 합니다. 특히 SNS나 또래 집단에서 외모 중심의 칭찬이나 평가가 많아질수록, 이런 현상은 더 심해질 수 있다고 해요.

외모에 대한 평가가 우리 마음에 영향을 줄 수 있다는 점을 생각하면, 우리가 평소에 자주 쓰는 말이나 유행하는 표현들이 얼마나 중요한지 알 수 있어요. 요즘처럼 다양한 말이 넘쳐나는 시대에는, 내가 하는 말이 어떤 의미로 받아들여질지 한 번 더 생각해 보는 태도가 필요해요. 이걸 '비판적 언어 감수성'이라고 하는데, 쉽게 말하면 말을 조심해서 하고, 듣는 사람이 기분이 어떨지 생각하는 거예요. 우리가 무심코 사용하는 언어 하나하나가 서로에게 힘이 될 수도, 상처가 될 수도 있다는 사실을 잊지 맙시다. 작은 배려와 존중이 모여 모두가 편안하게 소통할 수 있는 문화를 만듭니다.

우리는 누군가를 바라볼 때 겉모습뿐 아니라 그 사람의 마음, 생각,

 AI시대, 10대를 위한 디지털 트렌드 영단어 교양

행동까지 함께 볼 수 있어야 합니다. 내가 어떤 말을 선택하느냐에 따라 나를 둘러싼 가족, 학교, 사회의 분위기와 문화가 달라질 수 있습니다. 서로를 존중하고 다양한 매력을 찾아 칭찬하는 따뜻한 말 한마디가 우리 모두를 더 행복하게 합니다.

   Calling someone a "snack" or "eye candy" is a playful way to praise their looks, but it can slip into objectifying them—focusing only on appearance and ignoring their personality or talents. In youth especially, constant comments about beauty can hurt self-esteem and fuel anxiety. That's why we need critical language awareness: choosing words carefully, thinking about how they might make others feel, and celebrating people's whole selves, not just their looks.

objectify : 객체화하다   **ignore** : 무시하다   **self-esteem** : 자아존중감
awareness : 인식

 생각 정리

비판적 언어 감수성을 기르기 위해 일상에서 실천할 수 있는 말하기·글쓰기 연습에는 무엇이 있을까요?

1. polite (adj.)

- **유사어** courteous, respectful, well-mannered
- **뜻** 예의 바른, 공손한
- **예문** It's polite to say "please" and "thank you" when asking for a snack.
  (간식을 부탁할 때 "please"와 "thank you"라고 말하는 것이 예의다.)
- **활용** ✓ polite words – 예의 바른 말 ✓ be polite – 예의 바르게 행동하다

2. respect (n./v.)

- **유사어** consideration, regard, honor
- **뜻** 다른 사람을 소중하게 여기고 예의를 갖추는 마음
- **예문** It's important to respect different cultures when you travel abroad.
  (해외여행을 할 때는 다양한 문화를 존중하는 것이 중요하다.)
- **활용** ✓ show respect – 존중을 보이다 ✓ mutual respect – 상호 존중

3. empowerment (n.)

- **유사어** enablement, strengthening, authorization
- **뜻** 스스로 힘을 얻고 영향력을 갖게 되는 과정, 권한 부여
- **예문** Creating their own language gives teenagers a sense of empowerment.
  (자신만의 언어를 만드는 것은 청소년들에게 자신감을 준다.)
- **활용** ✓ personal empowerment – 개인의 역량 강화

4. self-expression (n.)

- **유사어** individuality, self-representation
- **뜻** 자기 생각, 감정, 개성을 자유롭게 드러내는 것, 자기표현
- **예문** New slang words are a form of self-expression among teenagers.
  (새로운 신조어는 청소년들 사이에서 자기표현의 한 형태다.)
- **활용** ✓ freedom of self-expression – 자기표현의 자유

5. belonging (n.)

- **유사어** affiliation, inclusion, connectedness
- **뜻** 소속감
- **예문** Using group-specific language helps teenagers feel a sense of belonging.
  (특정 집단만의 언어를 사용하면 청소년들은 소속감을 느낄 수 있다.)
- **활용** ✓ sense of belonging – 소속감

Model

모델

A model is someone who showcases clothing, accessories, or products by wearing or displaying them for photoshoots, fashion shows, advertisements, or art projects. They work with photographers, designers, and stylists to present items in the best possible way, often posing in creative or expressive ways to highlight features and details. Models need to maintain their appearance, follow instructions, and adapt to different styles or themes. They may specialize in areas like fashion, commercial, fitness, or runway modeling, and often travel to various locations for work. Good models are confident, professional, and able to express a range of emotions or looks to help brands and artists communicate their vision.

🎙 **포즈와 표정 연습은 어떻게 하나요?**

😀 거울 앞에서 기본 포즈를 반복하며 촬영 각도를 연구해요. 특히 표정은 눈과 입매 근육을 따로 움직여 보면서 다양한 느낌을 연습합니다.

🎙 **워킹 연습은 어디서, 어떻게 하나요?**

😀 런웨이 워킹은 실내 복도나 스튜디오 플로어에서 연습해요. 힐을 신고 발뒤꿈치→앞꿈치 순으로 디디는 걸음과 허리 회전을 몸에 익힌 뒤, 카메라 앞에서 고개 높이와 시선의 위치를 일정하게 유지하는 연습을 반복합니다.

🎙 **체형 관리와 건강 관리는 어떻게 하나요?**

😀 매일 아침 단백질과 채소 중심의 가벼운 식단으로 시작하고, 오전·오후에 짧게 근력을 키워요. 식사 사이에는 견과류나 과일 스무디로 영양을 보충하고, 충분한 수분과 7시간 이상 수면을 지키려 노력합니다.

🎙 **현장에서 포토그래퍼나 스타일리스트와는 어떻게 소통하나요?**

😀 촬영 전 간단한 컨셉 미팅을 통해 분위기와 느낌을 공유해요. 예를 들어 '도회적인 분위기의 시크 룩'이라면, 포즈나 컨셉을 미리 짚고, 촬영중에는 '조금 더 고개를 살짝 들어 주세요' 같은 구체적 피드백을 주고받습니다.

 한문단 영어

스낵(snack)이나 아이 캔디(eye candy)라고 부르는 것은 외모를 칭찬하는 재미있는 표현이지만, 사람을 객체화해서 얼굴이나 몸만 보는 태도로 이어질 수 있어요. 특히 청소년 때는 외모에 대한 말이 자아존중감을 낮추고 불안을 키울 수 있습니다. 그래서 우리는 비판적 언어 감수성을 가져야 해요. 말을 신중하게 선택하고, 상대가 어떻게 느낄지 생각하며, 그 사람의 마음과 재능까지 함께 칭찬하는 것이 중요해요.

Career Snapshot

모델은 옷, 액세서리, 혹은 제품을 입거나 착용하고 보여주는 사람을 말해요. 사진 촬영, 패션쇼, 광고, 예술 프로젝트 등에서 작업하면서 포토그래퍼나 디자이너, 스타일리스트와 함께 제품을 가장 돋보이게 표현하죠. 창의적이거나 감각적인 포즈를 취해 특징과 디테일을 강조하기도 해요. 모델은 외모를 잘 관리해야 하고, 지시를 잘 따라야 하며, 다양한 스타일이나 콘셉트에 맞춰 유연하게 표현해야 해요. 패션, 상업용, 체력 단련, 런웨이 등 자신만의 전문 분야가 있을 수 있고, 일을 위해 여러 장소를 다니며 촬영하기도 합니다. 좋은 모델은 자신감 있고 프로답게 행동하며, 다양한 감정이나 분위기를 표현해 브랜드나 아티스트가 전달하고자 하는 메시지를 효과적으로 돕는 사람이죠.

Word Quest 03

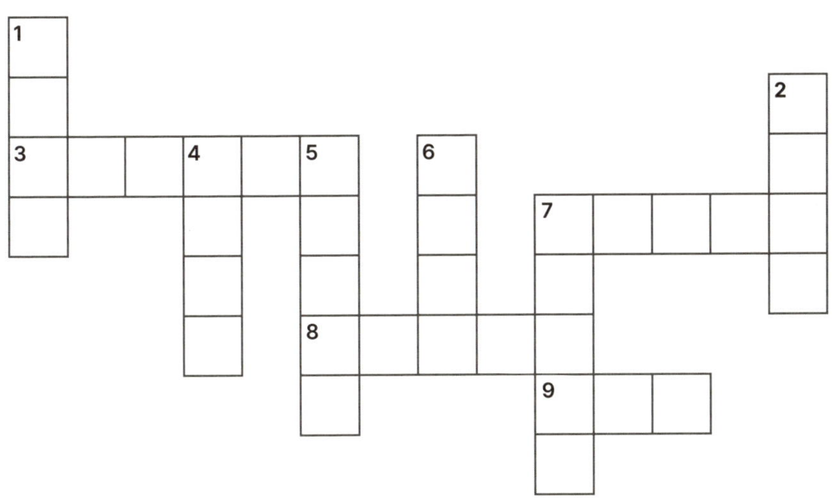

Across

③ 음식이 정말 맛있을 때 쓰는 유행 표현
⑦ 독립적이고 주도적인 성향
⑧ 리더 역할을 하거나, 자신감 있고 주도적인 성향을 가진 사람
⑨ 거짓임을 강조하는 인터넷 신조어

Down

① 어떤 장소나 사람에게서 느껴지는 독특한 분위기나 느낌
② '역대 최고'를 뜻하는 영어 약자
④ 멋지게 해내거나 남다른 매력으로 주목 받는다는 뜻
⑤ 진실을 강조하는 인터넷 신조어
⑥ 세련되고 멋진 패션 감각을 칭찬할 때 쓰는 속어
⑦ 매력적이고 눈길을 끄는 사람을 칭찬할 때 쓰는 속어

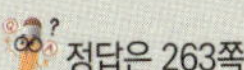 정답은 263쪽

Word
Quest
정답

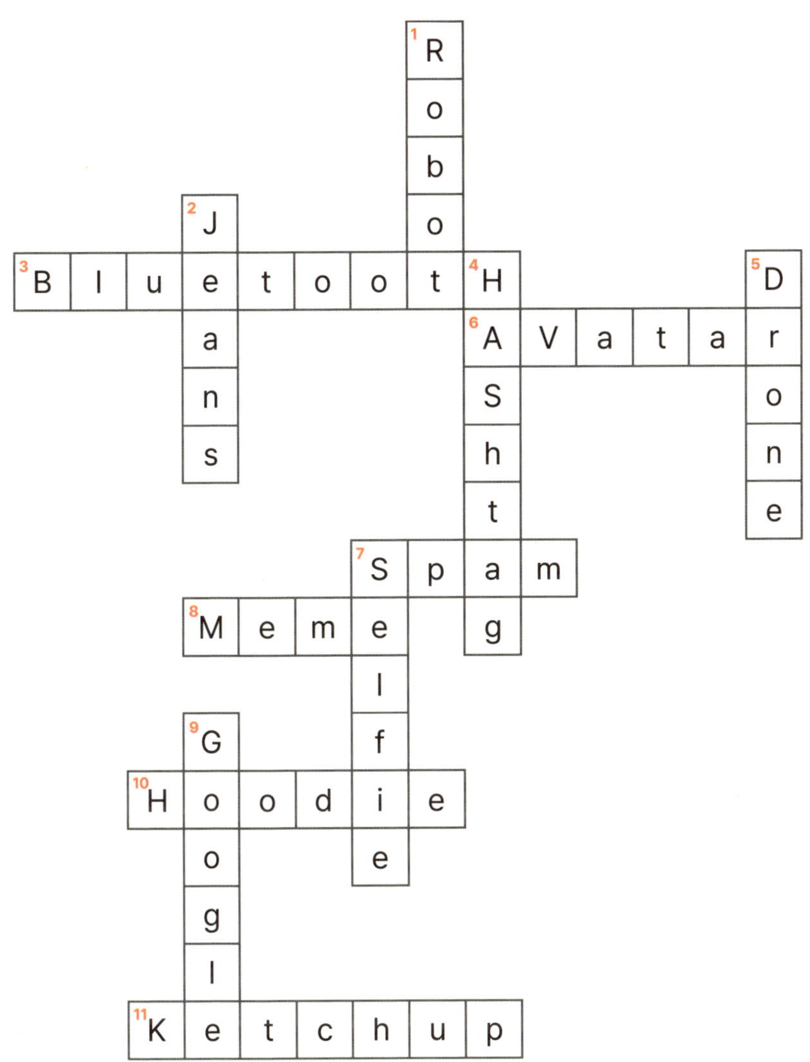
R
o
b
o
J
Bluetooth
H
D
Jeans
Avatar
S
r
h
o
t
n
Spam
e
g
Meme
e
l
f
G
i
Hoodie
e
o
g
l
Ketchup

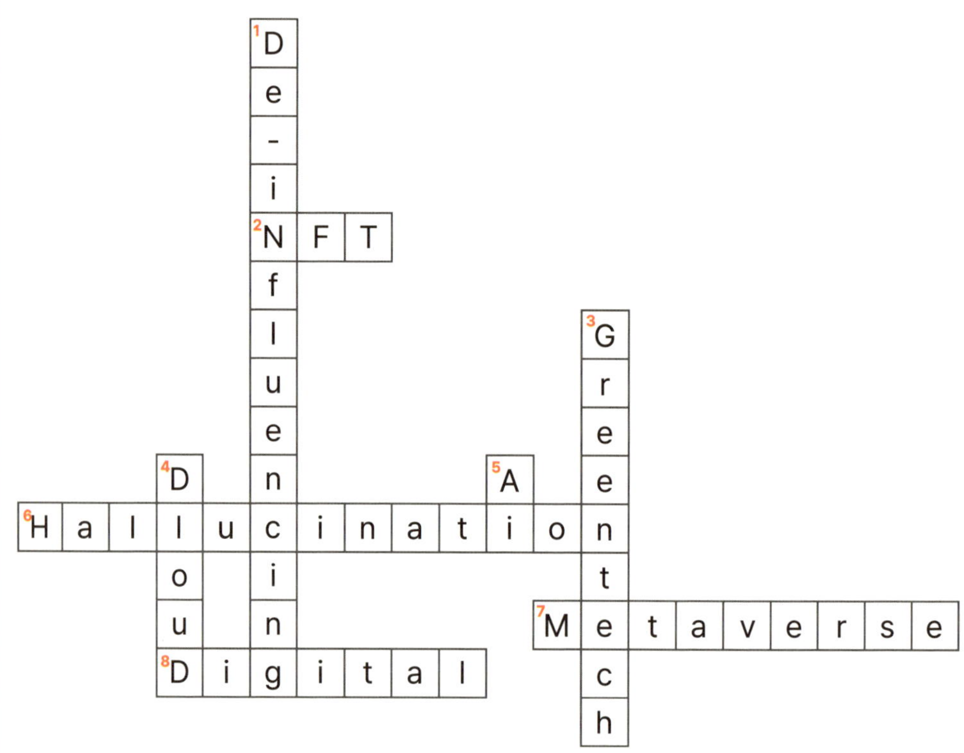

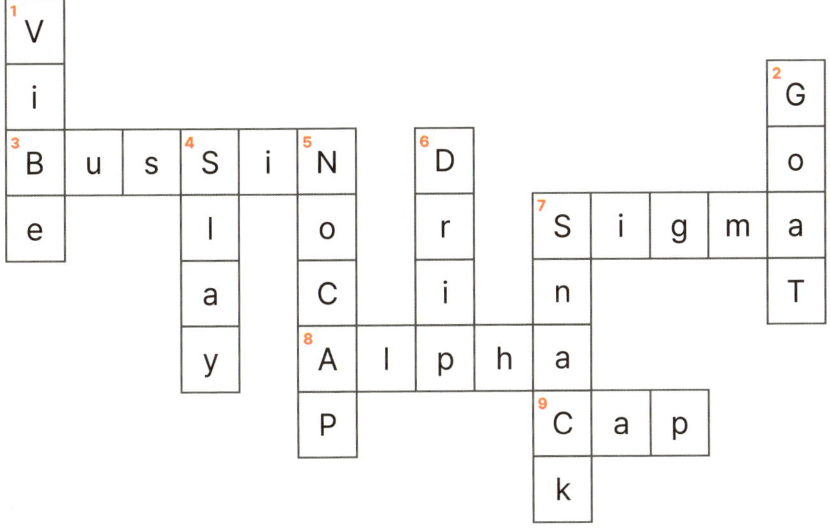

영어 단어, 알고 보면 더 재미있다!
AI시대, 10대를 위한 디지털 트렌드 영단어 교양

초판 1쇄 발행 2025년 08월 20일

지은이 | 서지예
펴낸이 | 정광성
펴낸곳 | 알파미디어
편집본부장 | 임은경
편집 | 이용혁
홍보·마케팅 | 차재영
표지디자인 | 황하나
본문디자인 | 김민정

출판등록 | 제2018-000063호
주소 | 05387 서울시 강동구 천호옛12길 18, 한빛빌딩 201호
전화 | 02 487 2041
팩스 | 02 488 2040
ISBN | 979-11-7502-005-4 (43700)

알파미디어에서는 책에 관한 기획이나 원고 투고를 기다리고 있습니다. 출간을 원하시는 분은 alpha_media@naver.com으로 연락처와 함께 기획안과 원고를 보내주세요.